漢家女

艾達・普樂特(Ida Pruitt)著
廖中和、張鳳珠譯

臺灣學生書局印行

「漢家女」中譯本敘言

「漢家女」是中國山東省蓬萊縣城一市井平凡小婦人的口述經歷，由美國教會一女士記錄成書，一九四五年，耶魯大學初版刊印；一九六七年，史丹福大學重排出版。一九七二年至一九七七年，每年再版一次，銷行甚廣。廖中和、張鳳珠伉儷於業餘譯成華文，相湘先睹為快，鼓勵他們繕正送請台北學生書局出版，以促進中國近代社會史料搜集研究的風氣。

近一百五十餘年來，由於外來勢力的影響，中國政治組織、經濟活動、社會習俗、教育制度、教學內容、家庭生活各方面，都發生很多的重大變化。尤其一九五〇年代以來，中共在神州大陸不時發動文鬥武鬥：侮辱知識份子、損傷一般人自尊心。至一九六七年所謂「文化大革命」出現，全國震盪，十年浩劫，迄今未見安寧。舊的社會秩序家庭關係既被人為的破壞，新的風俗習慣一時又不可能興起建立。

事實上：舊的傳統中那些是良好、值得保存流傳的，或者，那些是時移勢易不適合現代世界的？由於歷代書籍於風俗習慣極少著錄。近世當政者，不論中國國民黨或中國共產黨於此都沒有作過研究工夫。最重要的「社會調查」，在全國二千餘縣中，曾經舉辦的不過千分之一而已。一九三〇年初，中國平民教育總會在河北省定縣社會調查，可說是僅見的具體事例。何況，中國幅員廣闊，黃河、長江、珠江三大流域天文、地文、人文環境又多不同，是必須經過「望、聞、問、切」的步驟，才有可能對症下藥的。不幸，獨裁魔王卻予智自雄，運用一本

「紅小書」發動全國性的「破四舊」運動，實際上卻是爭權奪利的政治大鬥爭。至今，遺害未已，基本人權仍被忽視。黃炎子孫何時才能抬頭挺胸豎起脊梁，顯然還需要一段甚長時間。

「漢家女」初版於中國對日抗戰後期，重版於十年浩劫之初，顯示美國人士面對亞洲大陸動亂的嚴重關注，希望自各種不同身份的人親自經歷，尋得中國近百餘年來社會變遷的若干線索。

相湘經過研究比證，今可肯定指陳：「漢家女」於此確實具有一定貢獻。由於是書口述人寧老太太頭腦清晰，敏銳觀察、記憶堅強，雖然不識文字，沒有受過教育，在國內貧窮困苦的大環境中掙扎奮鬥，不論是在地方官紳家庭，或是英美傳教士宿舍傭工，勤勞工作，藉資溫飽。不同的情況，增加了她的生活經歷，卻始終保持獨立自尊個性。這可說是黃炎子孫，尤其齊魯兒女決不「窮斯濫矣」流風的表現。本書篇頁字裏行間於此顯露無遺。

是書內容涉及蓬萊縣境內「不怕出身低」的英雄人物故事，如宋慶、吳佩孚等，都是信而有徵的。如「清史稿」宋慶傳，就記錄有這位慶軍提督，光緒初年（一八八二年）率軍敉平朝鮮亂事前後種種，也特別著筆宋慶「衣錦榮歸」故鄉後，仍穿著微時粗布衣服往拜故主的「佳話」。一九六二年夏，相湘遊覽韓國漢城市區「宋慶祠」及中國駐韓大使館舊衙署，友人偶言及宋慶暨袁世凱在韓故實，相與感嘆「將相無種」恆言的確非虛。

吳佩孚生平事蹟，拙撰「民國人物列傳」（頁五三五—五四〇）有著錄。一八九四年（光緒二十年)，中日第一次戰爭時，日本軍艦炮轟山東省蓬萊縣境，給予吳佩孚刺激至深。蓬萊縣濱海有「蓬萊閣」，上懸「海不揚波」匾，日軍艦炮擊中「不」字。居民事後爭先往觀，吳佩孚時年二十一歲，也隨同前往，心中悲憤，終生不忘此國恥。二十三歲，吳佩孚中秀才。嗣在縣城闖禍，開罪當地官紳，祇得離家，走北京，不得生計，乃投筆從戎入淮軍聶士成部。以才學受器重，被送入開平武備學堂。一九○二年，考入保定武師範學堂。有此學歷出身，從此青雲直上，開府洛陽，「八方風雨會中州」。

一九一九年，北京學生愛國運動—「五四」運動發生時，吳佩孚向北京政府直言諫阻武力壓制學生，得「愛國將軍」榮譽。旋率軍自湖南衡陽北上，官兵沿途高唱吳佩孚手撰「登蓬萊閣歌」，詞云：

「北望滿洲，渤海中風浪大作。想當年：吉江遼瀋人民安樂；長白山前設藩籬，黑龍江畔列城郭。到而今，倭寇任令縱橫，風雲惡。

「甲午役，土地削；甲辰役，主權墮。江山如故，夷族錯落。何日奉命提銳旅，一戰恢復舊山河。卻歸來，永作蓬山遊，念彌陀」。

今按「甲午役」指一八九四年中日第一次戰爭；「甲辰役」指一九○四—五年，日俄戰爭以中國東三省為主戰場。日軍炮轟蓬萊縣境時，吳佩孚正在當地，目睹「海不揚波」匾被擊中情景。日俄戰爭時，吳佩孚參預戰地活動。印象更深刻。對日抗戰時，始終堅持原則，拒絕日本勸誘，保全晚節。其來有自。

「漢家女」書中有關情節，與拙撰吳佩孚生平事實若合符節，再加上述「清史稿」宋慶傳內容比對，足以證明：寧老太太記憶力堅強而確實，「漢家女」記錄她口述經歷的翔明可信，也就毋待煩言。

上述拙撰又曾著錄：吳佩孚出生日，其父先夜夢見明代抗倭名將戚繼光親臨其家，因取戚名字「佩玉」，命名「佩孚」字「子玉」。有此淵源，吳佩孚保全晚節，更是對國家忠孝兩全。這是中國社會悠久的優良傳統之一大端，值得注意。寧老太太不識字沒有受教育，卻曾在這悠久優良傳統環境中薰陶長大，故她能「忠於所事」。

「漢家女」書中記錄：寧老太太口述耳聞目見的婚喪喜慶習俗禮節，比對相湘親身經歷也是信實的，例如她口述女子出嫁時，由福壽雙全的男子背負上花轎種種。拙撰「三生有幸」(第七頁)也有著錄，祇是由「伴娘」背負上花轎，而其涵義完全相同。女兒叩辭祖先父母後，從此，就是「嫁出門的女」如「潑出門的水」一般，在這重要分際的時刻運用這一舉動更可顯示突出意義。

今人對於舊日婚禮，如以為繁文縟節，則對於近年台灣社會有關男女終生大事的婚禮應有失之簡單輕率的感嘆。

寧老太太口述經歷中，對官紳家庭妻妾生活、吸鴉片煙情景也有相當記錄。這些不正常的現象，在國民革命軍北伐以後，即一九三〇年代逐漸消除。國民政府嚴令禁止吸鴉片煙、販運煙土，違者處以極刑。相湘曾親見若干紈袴子弟因此戒絕惡習，重新做人，發揮才學，努力工作的事例。

南京時代，新制訂的民法、刑法，明白規定：女子有財產繼承權，男女擔負同等的貞操責任。女子地位提高。納妾習俗逐漸革除。胡適之先生曾公開宣揚這是不流血的社會大革命。相湘曾在新加坡，眼見華人社會中富豪三四妾侍「和平共處」於同一屋簷下，比對「漢家女」中有關情節，甚感興趣且肯定其真實性。

寧老太太遇人不淑，丈夫吸鴉片煙，不事生產，她無尤無怨的勤勞工作，維持家庭。口述經歷中，時時流露宿命者的心態。不幸，她為女兒擇婿，誤信媒妁之言，致使女兒重蹈她的前轍，時常與她吵鬧情況，充分顯示動盪社會中婦女遭受重大壓迫、無處發揮潛力以及情感的困窘，前途茫茫的苦痛。

寧老太太艱苦工作，她的兒子和孫女卻獲得新路，享受新制教育，生理心理平衡發展，有謀生的技能，學而不厭、誨人不倦的樂趣，對寧老太太尤敬愛，充分顯示教育力量的需要與重要。

寧老太太去探視自美國留學歸來在北平郊外學校任教的孫女時，面對高樓大廈，趑趄不前，跽坐階級的經歷敘述，她的自尊心、自卑感矛盾心態，生動顯露，令人感動。

寧老太太生長於第一次中日戰爭時，老年又遭逢第二次中日戰爭發生，這四十餘年間，全世界、全亞洲以及中國局勢變化萬千，她不識文字未受教育，自不能認識瞭解其重要性。但她卻眼見自己的孫女不願在日本軍隊占領區生活工作，情願遠行，投奔自由中國。寧老太太一生可能接近尾聲，她的孫女應該尋覓得新的前程了。

寧老太太一生，可說足以反映出大多數中國人近一百年來的生活情態，因為中國人只有大貧與小貧之分，遭受外來勢力各種影響卻沒有區別。如果，這冊「漢家女」中譯本的出版，能促進有關中國近代社會變遷史實的記錄、研究，再進一步分析瞭解：中國傳統風俗習慣禮儀中有那些是可以流傳的？世界新潮中，那些是可供選擇引入中國社會的，公開討論，約定俗成，以防制輕率的盲動再度發生。同時，加強且充實教育制度與教學內容，以推進政治民主化、經濟自由化，建設現代化國家。

「漢家女」書中述及：到基督教堂做禮拜時，可領得銅錢數十文事。今人或詫為奇談。其實這正是一百餘年前，基督教在中國傳佈的一種不得已的權宜方法，當時稱之為「吃教的」。一八五一年，在廣西宣佈太平天國起義的洪秀全，就是「吃教」而「不化」的顯明事例。洪秀全剽竊基督教義，造作天父、天兄、天王「三位一體」，以及「上帝下凡」種種，自廣西北上，長江、黃河流域都被這一大批野火焚燒。曾國藩秉孔子儒家大義起湘軍對抗，終於消滅太平天國。而各地居民受無稽謠言流傳而仇視排斥天主教、基督教會的「教案」層出不窮，至一九〇〇年義和團運動出現而登峰造極。

中西文化不同，相互排斥衝突，勢所難免。不幸，中國朝野不知彼又不知己，一味盲動，至今沒有發現正當坦途。這都是多年忽視社會調查、不注意社會變遷的惡果。今而後實在應該腳踏實地注意於此了。

吳相湘

一九九二年四月九日

前言

某天，我和一位中國朋友閒聊，她是一名年輕的貴婦，我問她對中國古老的生子、成婚、喪葬等習俗是否了解，她說她並不了解。她的父母住在通商口岸，而結婚前，她大都住在教會所辦的寄宿學校。但她提到她先生手下有一個人，此人的母親年事雖高，但精力旺盛，而又無事可做。這位老太太或許願意來跟我談我想知道的事情，除了風俗習慣之外，她還知道很多事情，因為她一生遊走廟會，所聞甚廣。後來做如下的安排：請她每星期來三次，時間在我用早餐的時候，這是我唯一可以確定有空的時間。

她來了。有兩年之久，她每星期來三次，她告訴我許多故事、許多習俗，為了解釋這些習俗，又說了更多故事，最後她一生的故事終於展現在我面前。

我們變成朋友，她之所以來，不是來告訴我種種故事，而是因為我們樂於相聚。春天，她眼看著院子裏的花苞綻放，話題也繞著花轉。夏天，我養的小狗肚子痛，她跟我一道發愁。有一年夏天，我們養蠶，因為我家有兩棵桑椹，但這回養得不太成功。我們倆個都沒有時間採足新鮮桑葉給蠶吃。蠶長得很瘦小，吐的絲也不怎麼像樣。

起初，我會敦請她跟我一起吃早餐，但她總是說，「我用過早餐了」，語氣間頗為自傲。但不久我便發現，一只橘子或一條香蕉和一杯咖啡，可不是早餐，而是可以請客人用的點心。她絕不超過一杯咖啡和一件水果，但香烟却不在此限，所以我便在她身旁放一包烟和烟灰缸。

「我這一生活得夠了，我見過各種世面。我在海上看到漂流的屍體，好像水池裏撒下麵包，金魚紛紛搶食。我見過大人物，也吃過人家替他們準備的食物。我嚐盡了苦頭，挨過餓，也眼見自已親生的子女被賣掉。我所見識的，全是很過分的事體。」然後她便俯視雙膝。她那方正而風霜滿佈的臉便笑了起來，這說明了為什麼我們是朋友。她拉起身穿的藍布大衫的衣角，一般農民穿的那種款式，「但我從來沒有穿過好衣服，我老是穿這種農民服，早已習慣了，改都改不了。」

個人的命運含蘊在一個共同的大命運裡面。命運是老天給注定的，由天上運轉的星宿所注定的。一個人唯有活下去，其命運格局才會展露出來。

老太太活了一輩子，她一生的格局已很清楚。她生兒育女，也有了孫子。第二、三代這條鏈子已經繫妥。孫兒孫女繞膝，她一生的義務已盡。

幽默和正視事物的本然，她和她的子孫都具備。這是上帝賦予她的，但她在世俗物質上所得不多，也許為了補償，上帝便多給了她上述這兩個優點。她的義務已盡，但人生尚未完結。

日本人所帶來的戰禍如能成為過去，人生仍有美好的東西可以享受。她還有子孫可以去操心、調教和納福。她現在是一位老太太，如果日本人沒來的話，人生應該算是美滿的。

日本人會對老太太怎麼樣，我很不願意去想。我在一九三八年離開北平，從此失去她的消息。離開時，日本人佔領剛滿一年多，城裡頭跟往常一樣安寧。日本人喜歡北平，很想據為己有。他們絕不在市區內打仗，始終維持秩序。

但有些東西比物質上的破壞更為惡劣。我離開時，日本人的壓迫與控制剛才開始。對中國人來說，這比強姦、謀殺和少數人的鴉片癮更加可怕。日本人的壓迫，其所採取的方式，只有到大功告成以後始為人知，否則像老太太這種直接憑個人的觀點和簡單的生活方式，乃是很難見出其頭緒並加以評估的。

每一間店家行號均為日本人所控制，手續簡單之至，就是對店東明講：日本人佔有一半股份，同時還可以罰款。專賣制度也已建立，活兒全由中國人幹，日本人則坐在汽車和人力車上，住漂亮的花園房舍。教科書已加以「編纂」，俾使兒童具備「正確思想」。

市內一片安寧，像老太太及其家人這樣過日子的人家，他們將會是最後一個感受到日本人之束縛的人家，在他們不知不覺之中，枷鎖已慢慢套上。除非他們和所有其他人及時被解救出來，不然的話，他們就會過一種喪失靈魂自由的日子：好的話，就彷彿一具生命的乾殼，如同我在日本、韓國和滿洲所看到的人們一樣；壞的話，則會變成奴隸，困苦不堪，相形之下，老太太當乞丐的日子反而有如天堂。但願侵略與壓迫的黑夜會及時過去，讓老太太再平安地享幾年福，親眼見到兒孫在人生旅途上得能紮實而妥適地出發。

蓬　萊

蓬萊矗立在濱海岩丘上，面對滿洲，位於山東半島。山東深入黃海，指向韓國。其城牆依山脊而出沒，向東、西、南蜿蜒。城的北面，在可耕地及沙丘之外，則是大海和綿延的島嶼，有如巨大的踏脚石，通向遼東半島的海岸。城的近西處，山丘聚成尖頂，其上覆以塔墩，古時狼烟烽起，細直的黑烟衝向天際。城的北邊，地勢陡峭，崖顛座落有福島寺，此寺即係紀念秦始皇順著這些島嶼而去追求永生，他是一位征服者、暴君、一統天下的皇帝、長城的建造人、長生不死的追求者。寺前平台上，聳立著蘇東坡的彫像，他曾任登州知州，所作的詩刻入石板，懸掛於寺內客房壁上，彫像面向海，俯視著拍岸的浪濤。

山丘下，圍繞有一泓小港口，民房圈住港灣，外罩一堵城牆。這就是水城，朝廷兵艦停泊之所，也是水師駐紮的地方。傳說講，秦始皇的五百童男童女，即從此地出發前去採採長生不老的仙藥，結果皇帝未得長生，反而締造了日本國。另外還傳說，皇帝自崖頂見到神秘的海豚，強壯的皇帝投出的矛卻沒什麼勁道，從而知道他自己來日無多。

水城的城牆呈灰色，以三層樓高的城門為頂，與習見的兩樓高城門不同，這是因為隋朝（西元五八九至六一八年）開國皇帝的叔叔，年輕時曾領有該地。門樓高傲地浮現在這座高傲的水城之上。

蓬萊市與水城之間，有一條護城河，河兩邊寬廣的路面鋪以石板，鐵皮車輪板車走在上面咯咯作響，人們穿著輕軟的布鞋來來去去。好幾百年以前，有一位將軍被圍困於蓬萊，他從敵人的頭上乘夜逃進停泊於水城的兵船而獲脫身。他利用箭把麻繩從這道城牆射往另一道城牆，再附上粗繩，粗繩上附以一綑一綑的布，就使用這麼一架纖細的橋，他和所帶領的部屬因而安然逃逸。

這些灰灰的城牆，附麗著兩千年的故事與傳說。蓬萊不乏偉大的事功，但更重要的，則是出了不少偉大的人物，他們外出到別處發跡。有人經商，有人統軍作戰，有人仕宦成封疆大吏，衣錦歸鄉則建造豪門巨宅，或者風光地葬回故鄉自己事先備妥的墓穴。凡此種種，足令當地人引以為傲，蓬萊誠然是一座自傲而保守的名城。

然而，在本故事發生的時候，約當西元一八六〇年代，蓬萊開始沒落了。還活著的老一輩人記得，被覆大半地方的森林，這時只剩下幾棵樹點綴於村落與墳場之間。土地經夏天的雨水沖刷，露出光禿禿的石頭，死不讓步。貿易沒有了，水城從前護衛了中國船隻，防盜避風，現在卻顯得太過狹小，水深不夠，不適合蒸汽船停泊，於是紛紛轉向六十英里外烟台這個新的通商口岸。

幸好，它仍保有富貴的最後來源—此地出生而發達在外的子弟，貿遷有無的商人，讀書人，官吏。由於係登州府治，文武考試均在蓬萊舉行。年輕學子，每隔一年便到此地會試，擠滿闈場，人人都想寫出鴻文鉅製，求取功名。當時大清帝國雖已日趨崩潰，但不論是對外頭的世界或對本國人民而言，它依然顯得那麼強大。其時同治在位，清朝此後還傳了兩位皇帝，過了約達半世紀之久，才真正敗亡。但仍有不少學子從這沒落的古城外出，在帝國的其他地方成名致富。蓬萊每個人家都有子弟赴滿洲發展，因為他們骨子裡有商人的遺傳，何況家鄉的岩石是那麼光禿。如果天氣好，帆船穿梭於各列島之間，兩三天即可到達滿洲。這些出外人每逢新年返鄉將所賺的錢交給家裡。如果他們並無所成，則那片廣大的新天地便吞噬了他們，從此杳無音訊。蓬萊絕大部份人家，過往的榮耀多，眼前的繁華少。

同治七年，亦即西元一八六七年，在蓬萊的北門內，這道門通向水城及大海，有片大菜園，近菜園處，住了一戶徐姓人家，從前相當富裕，現在已變貧窮。他們的房子座落在一條大街的小巷內，這條大街從北往南貫穿蓬萊，房子的北面牆壁靠近沙河，這條河流經本城，其實不過是個淺溪而已，一年之中大部分時間可以踩著墊脚石穿過，夏天雨水沖來，河水立刻高漲。被圍牆夾住的一座黑色兩扇開的大門，通入中庭，對面是一棟長長而低矮的五間房。就是這間房子。跟所有中國人的房子一樣，該屋坐北朝南，冬天可以吸收陽光，有益健康。五間房正中一間開了個門，這間房間集大廳、廚房、神案於一身，是大家共用的房間。在祭祀日，天地神明或應景的神像畫軸掛在對門牆上。新年祭祖，則把祖宗牌位放在貼牆的桌子上。進門東西兩邊，築有石頭與磚塊砌成的爐灶，其上各置一開口大鐵鍋，寬約兩三尺。平時家裡的煮食就只用其中一口大鍋。東邊鐵鍋上方牆頭貼有灶君像。

大廳東面的房間係父母所住，同時也充當家庭起居室。在大窗之下，向南沿著三面牆蓋有一個炕，即泥磚床，面積佔房間的一半。高約兩英尺半，下有管道自爐灶通熱氣來，烟則從房子尾巴的烟囱排放出去。炕使家人於冬夜得以保暖，也使坐在上面做工的婦女免於受凍。炕上鋪有用高粱桿子編織而成的精美蓆墊，北面晒入的陽光，透過一格一格的窗紙映照在炕上。

炕的兩端有木櫃，上頭放著疊妥的棉被。床中央放一張矮几，家人圍在旁邊做工或用飯，晚上則把它移走。屋裡東面牆邊立著一個衣櫃，北面牆邊立著另一個高高的衣櫥，這些櫥櫃均上暗紅漆，門環和抽屜把手全是圓圓的黃銅。櫥子裡放家人的衣服，用藍布方巾包著，因為穿的衣物全都可以平摺。衣櫃上擺一面鏡子，兩側各置一花瓶，瓶內插人造花。水烟管放在衣櫃上，花瓶內也插一些點火用的捻條，父母吸烟，客人來訪也都奉烟。越過衣櫃，東面牆開一小門，通入裏間，大女兒和外婆住這間。房間大小與父母住的一樣，但有一部分充做貯藏室。炕的一半放滿各式盒子，以及用草蓆包好的一綑綑東西，所餘空間勉強可放兩套舖蓋。地板上擺著高高的陶甕，放食油、麵粉和穀物。牆頭和棟樑上掛有葱串、香料袋、煙葉、棉球等家用品。

大廳的西邊也有兩間房。天氣暖和，兒子睡第一間房，冬天除非有必要燒另一個灶，否則他去父母的炕上睡。裡間則存放柴火、一袋袋的松子和一堆堆的松枝。這一家人雖然窮，但還沒有窮到要跟別家合用院子，房間也比實際需要的還多。

院子是小，但也足夠攤放草蓆來晒乾洗好的衣服，且有地方放大水缸和醃菜缸。有一名工人每天從菜園水井汲水來注滿水缸。廢水則倒進水溝穿牆流入大街。院子西南角的茅坑，清道夫每天來清理，他付錢收集糞水轉賣給城外做堆肥的人。茅房邊隔一扇牆，圍欄內養了一頭豬。

徐家媽媽在大門一進來的屛風上種著葛藤，不時修剪。屛風之設，用意是在一旦大門敞開，可以防止路人偷窺，同時也可以擋住鬼魂入侵，鬼魂只會直行不會拐彎。夏天，院子裏盆花處處。

這一家人有三個小孩。本書是最小的小孩——也就是這家人的二女兒的一生的故事。

漢家女目錄

漢家女

廖中和、張鳳珠 譯

一、童年 1867-1870

我父親叫我小虎，我是母親最小的孩子。她叫我什麼名字，現在還活著的人，沒有一個知道。我姊姊和哥哥叫我妹妹，鄰居叫我小五子，因為我是母親生的第五個小孩。在我出生之前有兩個死掉了。

我生出來的時候，我們自家人住在四合院，靠近菜園，這片菜園是我父親和叔祖的產業，園子裏有高麗菜、蕪菁、葱、蒜、韭菜和蝦夷葱。

這個菜園本來是觀音堂的一部分產業。離蓬萊三十里外靠徐家集附近有一個衛岳山，十代人以前，從山上來了一個道士，後來變成住持。他就是我們的祖先。他有一張方正的臉，性子剛烈。我祖父有同樣方正的臉，我也是這樣。這就是為什麼我父親叫我小虎。而且他說我的性子也很剛烈。

有一陣子，我們家日子過得蠻好。我們保有祖先留下來的土地，而且我祖父和曾祖都曾在戚將軍府上做過事，替他看管產業。我母親嫁進來的時候，我家保有那片菜園，周王廟那邊的房宅，另外還有一些小房子。家裏有傭人，不愁吃的。

我父親是獨子，被他父親寵壞了。他七、八歲的時候，父母過世。他是由叔祖撫養大的，叔祖有四個兒子，都在菜園做活，但卻送我父親去讀書。叔祖說，這樣他才對得起已去世的哥哥。我父親讀古文八年，一無所成。長大以後，叔祖送他去店裏學做生意。

鄰居們說，我父親和他的堂兄弟們日子過得太舒服，又是吃又是玩，錢因此而花光了。我父親僱了個戲子來教他唱戲。這個戲子住在家裏，而且俸祿很高。他也抽鴉片。於是家道便一年不如一年。我祖父去世，遺產由我父親和叔祖平分。

我父親曾試著到菜園幹活，但他力氣不夠，也沒有手藝，又不屑去做這些事。他把菜園賣給他母親的姑媽，以便還債，然後跑到煙台去挑賣饅頭包子。他知道怎麼做饅頭包子，他把東西放在籃子裏沿街叫賣。那就是我出生的一年。從我受胎開始，家境就衰敗了。老天替我安排的命運實在不好。

鄰居說我母親不善理財，她不知道怎麼樣把一塊錢當兩塊錢用，這樣才能「度過年關」。新年期間，用大號鐵鍋蒸饅頭，鍋蓋一掀開，大饅頭就會縮小，這些饅頭便丟進爐火裏頭。有時候她連丟三、四次，才能蒸出又圓又飽的饅頭。這是鄰居們講的，我從來沒有見過母親這麼做，因為等我長大以後，我們那有東西可丟呢。

我母親的命真苦。坐月子的女人家，至少要吃五百隻蛋，她生我的時候，只有八隻蛋。外祖父在街上賣油，也打一片小銅鑼，足以使一家人溫飽有餘。母親臉圓圓的，很和氣。她本是嬌生慣養的人，像她這樣躲在圍牆內生活的人，如何知道怎樣應付貧窮呢？

狗來富，貓來窮。如果有一隻野鵝來到門庭棲身，這一家人會大發。如果有一隻養好的鵝飛走了，這一家人會敗。我家門庭曾有一隻鵝，但它隨著野鵝飛跑了。

我快一歲的時候，我父親才見到我。那時他回家過年，又跟我們住在一起。我們住在蓬萊的東南蔭子地段，菜園賣掉以後就搬去住。整個冬天，他都在賣年糕。他可以帶兩三百塊的年糕，但他的叫賣聲不夠響亮，所以有一個鄰居跟他合作。我父親拌粉蒸糕，他們兩個在街上走的時候，鄰居就大聲吼叫，兩個人手上都提著籃子。我父親很會做菜，還教我怎麼做菜。

我父親這樣挑賣年糕一兩年，後來舅舅替他在一間雜貨舖謀個差事。父親站在櫃台後面賣東西，同時也在店東曲家的菜園幫忙。他同時替鋪子和菜園採買。他幫忙訂購園子所生產的菜蔬，乾季的時候則幫忙澆水。他一部份時間在店裡，一部份時間在園子裡。

曲家住在北大街一間大房子裡，另外在長興廟那邊也有房子，這座廟供奉的是保護小小孩的女神，她會管住天狗，天狗會咬小小孩，把小孩帶走。

曲家長子曲大少爺，考過武科舉，是一個武秀才，他的弓箭功夫很好，他們家和我們家世代交好。

曲大少爺常說，過了五百年大家又碰頭了，又投胎到相同的人身上。

雖然我們一年不如一年，但家裡日子過得還好。母親對我們很慈祥，她煮好吃的東西給我們，也很愛我們。

父親比較嚴，但很顧家。他教導我們各種禮數，告訴我們什麼是女人家該做的，什麼是不該做的。

晚上吃過晚飯，我們圍坐在一起閒聊。有時候叔祖會過來跟我們一起消磨一個晚上。冬天我們坐在炕上，母親、姊姊和我做針線。男人就抽煙談天。夏天我們在院子裡坐。

父親告訴我們祖先的故事，也告訴我們蓬萊這個城的事情，告訴我們應該怎樣做人。他說酒、色、財、氣是四大惡，即使生氣不傷身，至少也有所失。他告訴我們明朝有一個奸邪的太監魏忠賢，這個人想當皇帝，他就是我們本地人。最後他被京城裡的人分屍，我們城裡的人也氣他不過，把他所住的房子拆掉，連地基都挖掉。他們挖掉房子，挖了三十尺深，所以直到今天，在公爺廟附近還有一個深洞，這間廟本來是魏忠賢蓋來祭祀自己的。這個洞最好不要填它，這樣大家才會永遠記得，做壞事的下場就是這樣。

父親告訴我們許多跟本城有關的名人的故事。蓬萊是隋朝老楊林所開發的，他是隋文帝的弟弟，隋煬帝的叔叔，煬帝把大運河擴大許多，因此人家說運河是他鑿的。他這麼做是為了可以在運河上行走五彩船。他為皇帝的水師蓋了一座水城。

我們城裏出了四個大將軍。隋文帝特准戚乃賀將軍興建石牌坊，現在仍然矗立在戚家牌坊或戚家牌樓區。另外有一個宋慶將軍，他的命運和我們家頗有關係。但在他之前還有一個大家族叫佟家。

佟家的發跡是這樣的。他們是書香門第，但沒有功名。有一天老太爺到書房去，看到有一個人蜷縮在屋角。他知道這人是個風水師傅，為想造宅第的人家看方位，替人家找墓穴，使後世子孫興旺。但他是鄰居而不是普通的小偷。這個風水師對偷東西太外行，因此第一次下手就被逮著。他是來偷供奉在祖先神桌上的食物的。這個人蜷縮在一角，而佟老爺卻來來回回的踱步，使他無從脫身。天越來越黑，佟老爺仍然在書房裡踱方步，後來他孫子來告訴他飯菜準備好了。

「去吧」，佟老爺說道，「做些肉、魚和蔬菜，溫一些酒，把酒菜拿到這裡來，備兩只酒杯，兩雙筷子，今天晚上我有一個朋友和我一起用餐」。這個孫子照他的話做去，問都沒問。那時候小孩真聽大人的話。

食物送來並且排妥以後，老爺對他兒子說，「現在你可以走了。我自己會等。明天早上再來收碗盤」。兒子走了以後，他便轉向屋角對蜷縮在那裡的人說，「晚飯準備好了，真抱歉使客人久等。」這人出來了，羞愧已極，頭都抬不起來。老爺為他留面子，當然也只得順著老爺的意思回話，以保住兩人的面子。

「我在找我留在這裡的東西，後來便睡著了。待在你書房這麼久，真對不住。」

老爺請他上坐，親自為他夾菜。飯用完了準備起身，佟老爺說，「袋子給我」。每個小偷都有一個袋子裝偷來的東西。這個人面有慚色地取出袋子，佟老爺子把包子、吃剩的肉放進袋子，也拿了一些錢給他。

自從這件事情以後，他的霉運過了，從此不必再去偷東西，他的財產開始增加。遠近的人都找他看墓穴，蓋房子找他看方位。做什麼都成功。於是他便發財了。每次他想報答老爺子，每次都被謝絕。

「你不欠我什麼」，老爺子說。

最後，這個風水師說，「至少讓我替你選個墓穴，使後代子孫興旺」，這點老爺同意了。終於找到了一個地方，據這個風水師說，佟家會有九代人可以封官，「但是」，他告訴老爺說，「你葬的時候必須是如此這般的方位，你一定要告訴你兒子，千萬不能挖太深，只能挖到兩尺半深。你的棺槨將會離地兩寸，但這剛好與地脈相通」。

老爺快斷氣時，他把風水師的話一五一十地告訴兒子，他兒子便準備就緒依計行事。他母親早幾年先過世，暫時葬在一個地方，最後才與丈夫同穴。古時候，蓬萊地方人家的女兒，是可以隨父母的靈柩到墳地的。當棺材下放入穴，女兒看到棺材露出地面，她大發脾氣。

「我們要把父母的遺體露在地上嗎？」乞丐的墓通常很淺，雨水沖走泥土，棺材便露出來了。「我們不能把他們放深一點，以示崇敬嗎？」她越鬧越大，根本不聽任何解釋，最後哥哥只得讓步，下令把墓穴挖深，直到碰到硬石頭。

女兒下令說，「再挖深些」。於是他們又挖，戳到石塊。突然之間，轟然一聲，飛沙走石。他們知道他們挖到地脈，地氣流散了。他們立刻把石塊放回去，設法保住一片紅土。八片紅土流失了。所以他們家只出了一個大官。皇帝在這位大官去世後，在他墳墓賞賜石人、石馬以示尊崇。這些在本城東門外的山丘上依然可見。

事情發生的時候，風水師人遠在滿洲關外。回來以後人家告訴他這件事，他去墳地看，他搖搖頭。

「我為你們家盡了心力，但現在都白費了」。然而還是出了一位大官。

從此以後，至少在蓬萊地方，女子便不准隨隊去到墳地。

蓬萊最出名的人物，還是宋朝大詩人蘇東坡，他當過登州知州，以蓬萊為州治。由於公務並不繁重，於是他化裝成尋常百姓，經常在街頭行走。有一天正好趕上市集，他在北大街上走，看到一個鄉下人，肩膀上掛著一隻斗和酒甕，斗在後甕在前，蘇東坡馬上抓住這個人的胳臂說道，「你是八仙之一，告訴我如何才能成仙」。

這個人答道，「我不是仙」。

但蘇東坡堅持說：「你身上就寫著你的名字。你攜帶的兩項容器各有兩個口，把你的姓都寫出來了，你就是呂大仙」。

這個人仍然堅決說他不是，但禁不住蘇東坡的懇求，最後他說，「我不是仙人，如果你出城去，到北門外，等在大理石橋畔，會有八個瞎眼乞丐經過。他們才是八仙。請向他們懇求成仙吧。」

蘇東坡到北門外的石橋邊，八位瞎眼的乞丐來了，他請求加入他們的行列，這八名乞丐不理他，逕自走向城西山陵上的福島寺，穿過濱海崖邊的客房，到「避風亭」。他們坐在那兒又吃又喝，蘇東坡在旁侍候，親手替他們夾菜。然後他們一個一個地站起來，走向亭子開口的地方，跨過低矮的欄杆，踏空而去。蘇東坡抓住最後一個乞丐，「我想跟你們一道走」。

「那可不行」。

「我願意跟你們到任何地方去。我會拋開一切追隨你們」。

「那就跟我們一起跳出去」。

蘇東坡眼睛望著三百尺下面拍打崖石的浪濤，他不敢跳。他看見八名乞丐個個都坐在蓮花座上，旁邊還有第九個蓮花座。這時候蘇東坡想跳，卻發現自己跳不動，心裡想身子卻不動。最後這些仙人向他揮手告別。一切都太遲了。他注視著他們，越行越遠，直到從天邊消失。

從此以後，蘇東坡不肯離開福島寺。他住在寺裡直到去世，盼望仙人會再回來帶他走。城裡的人在「避風亭」為蘇東坡立了個像，面朝北方對著大海，永遠注視著八仙消失的地方。

二、成長 1870-1881

我三、四歲的時候，我們搬到周王廟附近，以便靠近菜園子。我們住在朝南的北三間房，鄰居住東邊的兩間房。這是我們家第一次與別人合住一個院子。這棟房子是茅草屋頂，以前我們住的全是磚瓦屋頂。

這間房子，去我父親工作的菜園子很方便。對街空地常常露天演戲，我母親和姨媽看戲很方便。父親規矩很嚴，不准她們出去看戲。母親和姨媽就擺了一條長櫈，站在上頭，從北邊的窗口望出去。

我是不好管教的小孩。我太貪玩。我跟哥哥、姊姊以及鄰居的小孩一起玩。我們在街上玩，也在隔壁的園子裏玩。

我爬樹，我還用大繩把身子綁起來，用絞盤把我下放到井底去。磚頭跟磚頭裂開有空隙的地方，我會把脚趾頭塞進去。母親不知道我幹這些事體。她知道的話，那不嚇死才怪。那有什麼我不敢做的呢。我是么女，父母都疼我。

我到七歲，他們才給我纏足，因為我太愛跑太愛玩了。後來我病得很重，於是他們又把我的纏脚布鬆開。我有「天花」，足足病了兩年，臉上麻子很多。我們小時候，大家都會染上這個病，很少人臉上不留記號的。

三間房平面圖

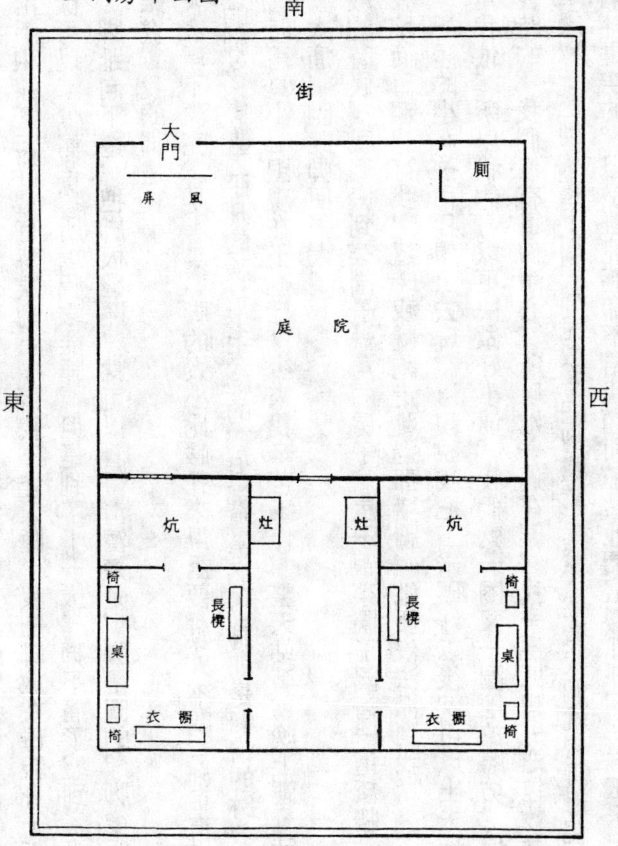

我九歲時，他們又重新給我纏足，這次綁得比平常更緊。我的脚痛得不得了，有兩年之久，我必須用手和膝蓋爬行。有時候晚上痛得我不能入睡。我把脚放在母親身子下面，她躺在上頭，這樣可以減少痛苦，所以我才能睡。但是到了十一歲，脚不痛了，到了十三歲，一切大功告成。脚趾向下捲，把脚板翻開，就可以看得清清楚楚，脚是圓的，脚後跟與前足之間有兩個指頭寬，我的脚是真小。

一個女人家漂不漂亮、宜不宜家，脚的大小比臉孔來得重要。媒人不問，「她生得好看嗎？」而是問，「她的脚多小？」平凡的臉是老天給的，但綁得差的小脚則是懶惰的跡象。

我的脚當時可真小，跟現在不一樣。後來我辛苦工作，整天站著，晚上睡覺時我便把布解開，不然脚太痛，因此脚便張大了。

我十一歲的時候，我們搬到菜園子一角的房子，房子跟菜園子隔著一道矮牆。我是很頑皮的孩子，我壞而母親想打我，這時我就跑走跳過那堵牆，她便沒法抓到我。

有一天，鄰居的小女孩和我想出去玩，母親說我把玉米碾好以後就可以出去玩，鄰居的小孩說她會幫我忙，所以我們可以更快做好事情。我們就一圈又一圈地拉磨坊，但要碾這麼多玉米是很費時的。我們沒有這份耐心，所以她一邊在碾，我一邊抓起一把包穀藏到磨坊屋裡的殘渣，這邊放一把到灰塵下面，那兒放一把到驢糞下邊，然後我們就告訴母親說做完了，她進來看到漏斗是空的。但是雞兒們卻不給我們面子。他們這邊抓抓，一堆玉米出來了，那兒抓抓，另一堆包谷出現了。母親大罵我們，「你們這些頑劣的小孩子」。她開始追打我們，但我們跑開了，躍過牆爬上園子裏的一棵梨樹，這時候樹上已有好幾個人，我母親來到樹脚下，大聲叫我下來，但我不肯。

「要不是有別的小孩，我一定把你搖下來打死你」。

我膽子很大。什麼樹我都爬。也玩從井口跳過去的遊戲。我們如果跳不過，那會跌進井裏淹死。我們也非常喜歡盪秋千，過年期間尤其流行。我說我要出去盪秋千，母親告訴我吃過以後再出去，但我等不及了。

「那麼」，我母親說，「我又得出去叫你，你會玩得忘了回來」。

但是我還是出去跟別的小孩玩。這時輪到我站在秋千板上，使它越盪越高，另外一個女孩子則坐在位子上。別的小孩認為我們玩太久了，想拉我們下來。我們向上盪的時候，板子翻了過來，我們都摔了下來。我面朝下，前額起了一個大包。另一個女孩則是面朝上跌下來。於是我便回家了。我母親說，「這倒新鮮哪！不用人家叫就回來啦」。

我用手搗住前額，她沒有看到大包。我躺在炕上睡著了。全家人都在那兒，他們在吃新年的餃子。有一位堂兄來訪，我父親也在那兒。我醒來時他們全都吃過了。我的頭很痛，肚子很餓，我哭著說，「媽媽，看看我的頭」，她揉著我的前額，一邊揉一邊說，「現在我才知道，你為什麼不必人家叫就回來了」。

我第一次看到外國人，我還很小，大概是六、七歲。當時我怕極了，躲到地上，用雙手蒙住臉。我蜷縮著，不敢向上看，直到人家告訴我他已經走了。他是一個身材高大的人，長鬍子，聲音宏大。他的名字叫丁斯特，但他們叫他牧師。外國人長相奇特，身上穿的衣服，天底下沒見過這樣的東西。但我想最怕人的還是外國人的眼睛，這麼深，這麼凹進去。

這個人的太太曾經挨家挨戶拜訪婦女。如果她到我們家，被我父親知道，他總是大發脾氣，把母親罵一頓。母親人很和氣，喜歡跟這位外國女士談話，這位外國女士辦了一間女子學校，她慫恿母親送我去學校。但母親知道，這件事想都不必想。只要提到這個念頭，我父親一定大怒，聽都聽不進去。如果我進了學校，那我的一生將會是多麼不同。我可能也是世界上的名人之一。

大約在我十一歲的時候，李家搬到名妓何珠珠曾住過的房子隔壁。有一天，三名士兵來到李家，當時這是常事，發現老李在院子裡砍木頭。

「你們來幹什麼？」他問士兵。

「我們來查房」。他們說，把老李推了一下，逕自入房。老李年紀大了，擋不住他們。於是他大聲吼叫，警告家人，這些士兵咆哮著，要女人。

他的女兒李富子，十五歲，聽到以後便跳牆進入我家院子，因此得以脫身，跑到教堂區。外國傳教士初抵蓬萊，人們不肯把房子賣給他們，也不租給他們，所以地方父老把觀音堂附近給他們，我的祖先曾經是觀音堂的住持。原來的房子大都倒塌，和尚尼姑跑了。傳教士來了以後，他們在菜園蓋房子住。幾代人以前，這片菜園是我家的產業。觀音堂剩下沒倒的房子都經過整修，分別當做男校和女校之用。他們也蓋了一間教堂。於是這個傳教士區就叫做觀音堂。李富子的母親替丁斯德太太做阿媽，李富子則在女校上學。

男校的男生知道這件事，他們趕到李家，把三名士兵揍了一頓，拖著他們的辮子帶到觀音堂。這個地方是男校學生保護女校學生的地方。他們情同兄弟姊妹，因為是同一個老師教的，屬於同一個社會，就是教堂；受教於同一人，屬於同一社會，這種情形下，他們的關係情同家人一般。

其中有兩個士兵逃走了，另一個被他們綁在樹上。袁世凱，後來變成中國的大總統，當時是他們的長官，官階還不太高。袁世凱來了，和丁斯德博士見了面，向他要回被學校逮著的士兵，因為丁博士是大家長，這是他的責任。而且，照當時習慣，袁世凱請丁博士當說和的人。（和事佬）。

袁世凱的士兵用板子把這位兄弟帶回營地，但是這位士兵太生氣了，終於患大腸熱死掉了，事情於是鬧大，他的弟兄們無法就此罷休。

禮拜天，有一兩百個士兵包圍教堂。女學生設法從側門溜走。士兵們到處找老李，但是找不著他。他們開始挨家挨戶的搜，那時正是黃昏時節，我母親在院子裡醃菜，鹽不夠用，她去高家借些鹽，但我可在家裏，注視著大門，我看到士兵，我只有十一歲，他們沒有騷擾我，但我怕得要死。我坐大門門檻，向外望。河床上全是人，這時是秋天，河水很淺，士兵的制服掩蓋了白沙。

後來士兵在老李家找到他，把他大打一頓，取去他的皮衣。他跳過牆逃到我家院子，耳朵流血不止，他逃進老嚴家，然後跳過牆進入老孫家，請求他救他一命，一再喊叫，救命救命！士兵們拿著劍和木棍，在後面追趕。

他太太四處求人當和事佬，士兵們對著她的頭打，直到不省人事。種菜的老孫，平日做些草鞋，也從賭博賺些錢，是比較有辦法的一個人，試著充當和事佬，他張開雙手想制止士兵，但士兵們把他打了一頓，雖然他跟這項爭執無關。後來老李跑去觀音堂，丁斯德博士出面擺平了這件事。

從此以後，士兵們常來教堂做禮拜。

袁世凱成為我舅舅的好朋友，我常看到他們一道談天。

我最後一次被母親打是十三歲。事情是這樣發生的。我之所以被打，該罵的是我姊姊。她不安好心，把我鎖起來，使我無法逃走。舅舅到我們家來，然後要帶我們中間的一個去他家玩。姊姊想去，我也想去。我說我不去她就不能去，她說她偏要去。我說，我不能去她就不應該去。我抓住她的袍子，不讓她走。母親告訴我檢點一些，而且想鞭打我，但我逃走了，正在爬牆的時候，姊姊走過來對我說好話，說母親的氣頭已過，我該回家了。於是我便回家，走進屋內，姊姊就把房門關起來，用鐵鏈從外面將房門橫木鎖住。我中計了，我設法逃走，母親開始打我，她打斷一根掃帚，打破一張凳子。我大哭大叫連說以後不敢了，她說，「你越說以後不敢了，我越是要打你。」

所以我就說，「以後我還敢，我還敢」。

她問我為什麼這樣說，我說：「我說敢，你打我，我說不敢，你還是打我。」

這真是一頓狠打，她打完以後，我躺在炕上，全身酸痛。父親回家看我躺在床上，便問起怎麼回事。母親說，「她無法逃走，她姊姊把門閂起來，所以我不得不打她。」

母親不得不打我，她感到很難過。母親是很疼我的。從此以後，我再也不需要挨打了，因為我知道母親疼我，我也開始具有成人的靈性了。那可真是一頓狠打。

姊姊出嫁以後，我睡到父母房裡，因為父親隔月才回家睡。頭一個月他在店裡睡，下一個月便在家裡睡。因為店裡人手多，不能全部同時睡在店裡。

但是姊姊回娘家，我就和她一起睡我們原來的房間。

有一天晚上，我們兩個在房裡正要就寢，我聽到石頭落地的聲音，好像從牆上掉下來一般。我靜靜地聽著，接著聽到雪被踏碎的聲音，彷彿有人小心地在雪上踏過。然後我對姊姊說，「你看，窗戶上有一個圓洞。」

她說，「你今天重新糊過窗子嗎？你確定本來沒有洞嗎？」

我說，「我用紙剛糊過窗子，我很確定是沒有洞。現在那個洞是人家用濕手指戳穿的。」「用你的手指穿過去」。我姊姊說，「我敢說除了冷冷的空氣外，你找不到別的東西。」

母親聽到我們交談，她說，「你們兩個孩子在講什麼？你們怎麼不睡覺？」

當然，到這時候，父親已穿好衣服，點上燈籠，但小偷早就溜了。那時候，在蓬萊，小偷很常見。當時沒有警察，街上也沒有電燈。

到我十三歲，父母就不再剃掉我頭皮下的頭髮。我不再是小女孩。現在我已允准長頭髮，然後在頭背用繐帶把頭髮攏起來。把頭髮梳成寬寬的辮子，靠近頸背的地方結個髮結，在髮髻上下像扇子一樣的散開，看起來像一隻大蝴蝶。由小辮子結成大辮子，我就成了良家婦女，不准出大門。所以我們有一句話說，女子長成滿頭頭髮，就不如光頭－就是還有一部份頭髮剃去－那麼自由了。從十三歲開始，我開始學烹飪和針線。

我父親是一個非常嚴格的人。十三歲以後，我和姊姊就不准上街。那時候，蓬萊的人家就是這個樣子。有人向某一家的女兒提親，人家想多知道一些，便向鄰居探問這個女孩如何，鄰居會答說，「我們不知道，我們從來沒有看過她。」而這可是讚美。

我們長大以後，便不准高聲談話。面街的大門如果有人敲門，不管我們在談什麼，一定要停下來。如果有個生人進入院子，我們必須避入內室。父親回家，即使我們又說又笑，但一聽到大門開啟後，門閂入榫的聲音傳來，我們立刻靜下來。我們的頭弓著，雙手下垂，直到父親坐在炕上。然後我們替他脫鞋，點上煙管。甚至我哥哥也不敢跟父親說話。

父親對姊姊和我的穿著是非常嚴格的。他要我們只穿樸素而正派的衣服。絕對不准我們穿時髦的服裝。我們戴的帽子是黑緞繞前額的頭帶。上面繡有銀飾和玉飾。頭帶是由穿過髮髻下的繩子使它牢靠。那時候，每個人都是戴銀練子，而不是繩子。銀練子的尾巴垂在肩下，走起路來小鈴兒叮叮噹噹響。姊姊和我好想戴這種銀練子。姊姊對我說，「把我們兩人的銅板湊在一起，合買一條練子。你出去的時候，你戴，我出去的時候，我戴。」

父親聽到我們說這些，把我們打了一頓。那時我們兩個都已嫁人。我們從來沒有得到我們的銀練子。

當時很流行在太陽穴兩邊戴上一小塊黑色的石膏。有一天姊姊回來就是這份打扮，父親極為生氣。他問她說，你這樣打扮，是不是要當婊子。

姊姊十五歲時嫁人，我嫁人時也是十五歲。姊姊出嫁時，我八歲。

姊姊的婚事，人家認為是門當戶對。姊夫只比她大三、四歲，而且有手藝，他是一名剃頭師傅，他父親還很年輕而有工作。但我姊姊還是一個小孩子，舉止、心理都還很孩子氣。

不懂做家事。她不知道怎樣和麵粉或玉米粉。她不是和得太厚就是太稀，總是被婆婆罵。她沒有經驗，而且也不會準備三餐。這一頓煮得太多，下一頓卻又不夠，這也使她婆婆生氣，難免又挨罵。雖然姊姊沒學會做事情，抽煙倒是學會了。這當然使她婆婆生氣。她說我姊姊不會做事只會花錢。彼此間很不愉快。

她婆婆禁止她抽煙，把她的煙筒拿來打爛。我姊姊卻用蘆葦做煙筒，乘沒人在的時候抽。有一天，她婆婆突然進來，姊姊趕緊把煙筒藏在衣服裡，人坐在炕上，煙筒卻把床下面的麥桿燒了起來，婆婆於是揍她。她丈夫回到家，婆婆把這件事告訴他，他又把姊姊打了一頓。他們彼此吵得很兇，婆婆恨透了她，時常惡言惡語相向，令人受不了。

她說，「磨坊裏驢子轉的路上，你找不到驢子掉下來的毛嗎？」她的意思是指我姊姊乃是一匹驢，也是指有個媳婦等於沒有一樣，什麼事都沒做。她出去找公公回來，對我姊姊說，她回家以後，你就會知道什麼叫做生氣。我姊姊可氣瘋了。

在蓬萊，一到傍晚，女人家便站在大門口看來來往往的人。那天傍晚姊姊到門口，她沒有停下來四下張望，而是走出大門向南行。一直走到南門，然後穿過南門，她走了三里路，到達三里橋村。大家都跑出來看這個瘋女子。大家口耳相傳，人人都跑出來看。我們住在近北門的地方，但我們有一個阿姨住在南門外的三里橋村。她也跑出來看這個瘋女子，一看之下，她說，「這可不是瑛子嗎，我姊姊的女兒？來，跟我來。」她便把我姊姊帶回她家。

當天晚上，我哥哥去我姊姊婆家，準備接她回娘家。他到了之後發現她不在，也沒有人知道下落。整個晚上，他到處找她，她丈夫和公公也在找，但是找不著。第二天，阿姨叫她兒子來告訴我們，姊姊在那裏，於是我們派人把她接回來。但她婆婆卻到處張揚，說我們把姊姊藏起來，還說她為了做些見不得人的勾當才離家出走的。因此，她跟我們一道住了半年。

這大半年她也不太對勁，她時常大哭，用手指去梳頭髮，弄得披頭亂髮，無從梳理。然後有一天，我們發現她的頭髮被剪掉了，根本不知道是誰剪的。從髮髻處平直剪掉，女人家結婚後便把頭髮紮成髮髻。後來，我們發現她剪掉的頭髮掛在周王廟院子裡的小樹叢上。一定是騷擾她的鬼怪剪的。整整六個月，她自言自語，有時候，身子僵直，動也不動。但是後來慢慢好轉，發病的情形越來越少。

我們央請友人向她婆婆及丈夫緩頰，最後的安排是他們應該帶她回去。他們為她和丈夫另外租了一間屋子，如此不必再和以前的人一起住。她和丈夫還算相投，彼此相親，但是有時候老毛病還是會犯。這時她會大吼大叫，手脚僵硬。

看到我姊姊嫁個年輕丈夫惹出這麼多麻類，我父親和母親都說，我應該嫁一個年紀大些、疼惜我的人。當媒人找到這麼一個人、這個人沒有母親—已經過世，我父母以為他們替我做了一件好事。我會有一個憐惜我而年紀大點的丈夫，但也不太老，沒有婆婆來罵我、虐待我。

我們的鄰居，他是一個挑糞的，替我撮合。他是一個靠說媒為生的人。人家的婚姻後來情形如何，他才不管呢。他早已把禮金用光了。正如老一輩的人說的，「媒人不會跟他所促成雙的人活一輩子。」媒人向我們瞞了這個人的年紀，說他只比我大十歲，其實他大我十四歲。說媒的時候我才十二歲，於是我便訂婚了，真是自小訂親。我當時還結著辮子，什麼也不懂。我嫁人是在十五歲。

他們告訴我說我就要當新娘子了。我以前在街上看過人家娶親的情形，看過新娘結婚那天坐在炕上，大家都進去看她。結婚就是穿漂亮衣服，頭髮上戴首飾。

我坐在炕上，沐浴然後穿戴新娘服，紅色內衣紅色襪子。樂聲響起，他們把我從炕上抬下來，我坐在椅子上，娘姨替我把頭髮梳成婦人髻，貼著頸背。他們幫我穿上紅色刺繡的新娘袍，紅色刺繡的新娘鞋，把首飾插到我頭髮上。一個雙親健在的老人背我出去把我放到轎椅上，這個轎子帶著我走入新家。我只知道，他把我放進椅座時，我不可以碰到椅座的兩邊，我只知道我穿上漂漂亮亮的衣服。我還是一個小孩子，照我們的算法只有十五歲，而我是年尾生的，沒幾天就是新年。我們一出生就算一歲，到了新年又加一歲。我一個月大的時候，就算兩歲了，因為我是靠近新年的年尾生的。我還是一個小孩子，還沒有過十三歲的生日。

我怕得要死。我很想家。

那一年出現了掃帚星，到現在我都還記得很分明。那年太陽有許多圈圈。

三、婚禮進行曲 1881

樂師們身穿綠衣服，戴著紅絲帶帽子，坐在院子裏擺的一張桌子旁。有人吹笛，有人吹笙，不時傳來鐃鈸的撞打聲。新娘在著裝，而前來迎接新娘的新郎，正在另一間屋子與岳家的男人們飲酒，這時奏的是笛聲。隨著婚禮進行的不同階段，奏的樂也有不同，這樣街上的人或駐足觀望的人，才知道現在進行到那兒。

樂師所坐的桌子緊貼大門，他們在此喝茶和陸陸續續的奏樂。現在新郎要接新娘回家了，樂師們站了起來大力吹奏。笙笛並作，鐃鈸鏗鏘，大鼓雷響。新郎從屋門口出來，穿的是租來的袍服，式樣就像官家的全套行頭。每個人，不論男女，一生中總有一兩次是跟皇帝同樣大的，一是他們結婚的時候，一是他們被埋葬的時候，這時身上穿的都是貴冑的衣服。

新娘的父親、哥哥和舅舅伴著新郎，他們鞠躬送他到他的位置上，然後新娘的紅色花轎抬來，放在面對大門的地方。大門太窄，花轎進不了院子，有些大戶人家則可以。門和轎子之間，凡有裂縫，均被轎夫手持紅氈蓋著，使一切邪氣不能入侵。一聲長號吹響，新娘跪著由一位老人背出來，他是一位鄰居木匠，已不再幹活，把一生最後的幾年用在這些婚喪喜慶等事體。他也是一名郎中，不是那種牆上掛滿扁額頌詞的醫生，而是聊聊家常，告訴母親們孩子肚痛該如何，染上天花怎樣才不會臉上結疤，肝火太旺的時候怎樣退燒。他是婚喪喜慶的管事，也是鄰居們的和事佬。

遇到有爭執時，他會鎮日蹲坐城牆邊，聽每個人各說各話。他就是人家所謂的全人。老天爺待他不薄。他的父母還吃得下，而且睡在他家裡，而不是睡在他為他們在麥田大斜坡上準備的小磚房內。他的太太，他的老伴，從他十六歲起，已經相隨四十年。他有子有孫。因此辦婚事，都會找上他，希望能給新人帶來好運。身著黑色禮袍，他把身穿紅衣的新娘背到花轎。她屈膝在他手臂上，而她的頭，因為裝飾物品很重，則垂靠在他肩膀。彷彿是紅色的弓靠在黑色的弓上。他把她放在花轎寬矮的位置上。

新娘在捲手縮腿的時候，丈夫還健在的娘姨們就輕輕摸著新娘的衣服，然後把新娘面前的紅簾子拉下。鑼聲一響，轎夫立刻抓住轎子，他們把桿子穿過轎孔，抬轎上肩。婚禮行列就此開始，由於兩家都窮，這個行列並不長。

這個短短的行列啟程了。先是一對紅燈籠掛在竹竿上，紅布縵，紅木板上寫著大金字，樂師隨後，然後是新郎的綠轎，緊跟著是新娘的紅轎，她的哥哥在轎旁一道走，他手上拿著一塊紅氈，他的責任是護住轎，凡是經過有水井的地方，他要護住新娘，不會被餓死鬼，或在水井淹死的孤魂所侵害，這些孤魂如果不找個人來淹死其中，則永世不得超生；他必須護住新娘，使她不會受到躲在陰暗角落的妖魔鬼怪和狐仙的侵襲；他必須護住她，不讓廟裡頭的小鬼偷跟她回家，佔有她，使她脫離常軌而做出見不得人的事。路上的行人好奇地看著哥哥，想從他身上來猜想新娘長相有多漂亮。後面跟的是一台手推板車，上頭坐著一對完好的夫妻福人，一對中年男女，父母健在、子孫綿延的夫妻，他們代表女方把新娘送往新家。抬轎的人一邊走一邊神氣活現，走路的步子故意裝腔作勢，一隻手叉腰，一隻手搖擺，因為他們抬的是一位處子新娘，這位新娘坐官轎，穿紅色皇袍，雖則是租來的。

婚禮行列塞滿小街，轎夫的雙手肘幾乎就要碰上兩邊石牆的大石頭，這些小街都是沿山丘而築的。隨後他們來到大街上，街上鋪的是大塊的花崗石。他們北轉經過一間廟，有個道士在這兒替人相命，他駝背的太太則賣蜜餞給左鄰右舍的小孩。他們穿過北門的拱門向城外走去。

出城以後，行列向東轉，沿著城牆板車道前行。穿過麥田朝大海走去，在小山岬上低低的躺著一座灰灰的村子。

這是一個漁村，新郎擁有一條小船。他也是一名農夫，他有一片靠近村子的二十畝麥田。

這是寧家村，全村的人都同姓。村子中央的家祠有一本家譜，上面錄有他們的名字。一千兩百年以前，漢朝敗亡，經過連年征戰，當地的人民大都戰死，隋朝皇帝把寧家帶來此地落脚，取代原來的居民。他們來自雲南，夾在四川和貴州之間，隋朝皇帝遠征幾千里外把他們帶來，充實這個半島的人口。此後他們便一直住在這片皇帝賞賜的土地上。

四、貧窮夫妻百事哀 1881-1887

當我到了新家，賓客全部走了以後，我才發現家裡還住著一個堂嫂。她在這兒已經住了多年，而且為我丈夫生了一個兒子。我們四個人全睡在同一個炕上。我實在太稚氣，我告訴她說很高興她跟我們一起住，因為那時我很害怕。她丈夫走失多年，沒人知道他的死活。她有一個大兒子，也去了滿洲，大兒子名叫福來。小兒子名字叫發財。她跟我們一起住了兩年多。

我公公也跟我們一道住。他耕田，冬天編籃子。年輕時，他做過市內某一個衙門的僕役。我當時不過是個小孩子。村子裡的小孩、我，和發財，大家一起遊戲。我們玩丟羊骨、捉老虎（捉迷藏）、踢毽子、擲銅板。

村子裏每一個人都跟我丈夫同姓，全都姓寧。老人家說，他們的祖先從雲南來的時候，每根小指上有兩片指甲，這是寧家的記號。我也聽老人家們說，這就像他們每個人有兩根小指頭一樣。

他們是追隨隋朝老楊林來山東的，他是隋文帝的叔叔。他們說他長得很體面，身高體大，孔武有力。但他也是一個惡人。他弄不清他母親、姊妹和其他女人有什麼分別。他叫一群婢女推車子，他人在車上，叫每個婢女一絲不掛，車子向後推，眾婢女跌倒，他呵呵大笑。一個人分不清母親、姊妹和其他女人的區別時，這個人已離開人道，而退回到沒有靈性用四隻脚走路的畜生了。

我們村子有個女子嫁到另一個村子，那個男人和他母親的關係不清不楚。這個女的於是回家向她母親哭訴，母親說，「死容易，活著難。」這個女子便吞鴉片自盡，她的兄弟們抬著她的屍體去見她婆婆，他丈夫溜掉了，但婆婆卻被逮著了。她躲到鄰居家。被人找到以後，這些人脫掉她褲子，把辣椒等塞到她的陰戶，鄰居懇求他們住手，不可當場打死。這些兄弟們因此替他們的妹妹爭取到一個體面的葬禮。

我丈夫的村子裏住著一個補鞋匠，生有一對斜眼。他有一個獨子，是個銀匠，很不錯的一個男孩子。鞋匠給兒子找了個媳婦，這個媳婦蠢得很，但家事確實做得不錯，也生了個兒子。

隔著一道牆有一名女子，很討人喜歡，她也很會打扮，她頭髮烏油油的，雙頰塗抹胭脂，不時用眼睛瞟著銀匠。她的名字叫黃金鈴。她和那個年輕人越來越熱。他們在牆邊擺上一隻梯子，藉此互相往來。後來他們好到難捨難分，她想跟他走，但中間隔著一個妻子，當時銀匠妻子所生的兒子已經六歲，金鈴又不願屈居為妾，妻子倒是願意金鈴來當妾的，她有什麼別的辦法呢？但金鈴不肯。

有一天晚上，這個妻子淹死在院子內的大水缸。這個年輕人大叫，鄰居們全都趕來看。

「她癲癇病又發了，自己給淹死了。」他說。凡遇自殺的情形，照例要把水缸打破。如果一個人上吊自殺，繩子必須很小心地存起來。如果一個人跳井自殺，則這口井或是被封掉，或是仔細地把它清乾淨。所以他就打破水缸，而在缸底卻有一條皮帶。

已死婦人的家裡把這件事告進官廳，雖然有皮帶做證據，縣官還是把這個案子退回。鄰居們怕惹麻煩，不願作證，縣官則以這個案件重大而怕審問起來麻煩太多。那個時代那像今天這麼簡單—現在一個縣長大人就可以命令士兵帶槍去處決任何一個他覺得該殺的人，事情就了了。那個時候，凡是有關人命的案子，先經縣官，然後到知府，然後到總督。家庭之間有爭執，上庭控告是沒用的，縣官總是偏袒活人。

這些是村子裡比較特殊的事情。大多數人，共約兩百戶人家，過的是平常日子，沒什麼可談的。

寧家有四房。我們屬於南邊一房，北邊那一房全死光了，東邊一房沒剩幾個人，西邊一房人丁最旺。村子裡每個人都有親戚關係。我們、發財和我，常跟其他小孩玩，他們都是我們的叔叔、舅舅、阿姨、堂兄弟、表姊妹等。我很貪玩，因而常常帶著滿是傷痕的雙足回娘家，那時我只不過是個小孩子而已。

照風俗，我每個月回去看母親。但是因為我丈夫抽鴉片，不帶吃的回家，因此我跟母親合住的日子就比平常的人長。半個月住婆家，半個月住娘家。我哥哥騎鄰居的白馬或借來的驢子帶我回家。

每當我離開家裡要回我丈夫村子的時候，我不願讓母親看到我流淚。我到廁所去把眼睛擦乾。等轉過街角，才又哭起來。那是因為我姊姊每次要回婆家，她就大哭大叫。因此我父親就會責備她。

「我們能怎麼樣呢？」他說，「生米已經煮成熟飯。這樣大鬧有什麼用呢？」所以我總是很小心，不讓他們看到我在哭泣。姊夫不錯，帶錢回家。但婆婆狠些。我沒有婆婆，但我丈夫不拿錢回家。

當我離開母親時，她總是板著臉，兩隻眼睛張得大大的。她不笑，但也不哭。她張大眼睛，臉孔板著，為的是這樣她才不會落淚。

我現在明白，我的婚姻不必責怪雙親。他們盡了心力。他們以為他們為我找了一個好婆家。但是現在我明白，一個人的命運就是一個人的命運。老天替你做了決定。

我們四個人同睡一個炕，直到滿子快出生，然後鄰居替我趕走這個女人。這些鄰居都是我的親戚。他們對她說，「你是什麼東西，可以跟他們合住在一起？」

因此她就走了。但彼此關係破裂卻更早些。我、發財，和村子裏別的小孩，我們是一道玩的。有一天我們玩捉老虎，他們把發財放進一個空的蓄水缸，還把木頭蓋子蓋上，我告訴他們別把蓋子蓋太密，怕他窒息，我告訴他們要留個縫好呼氣。玩呀玩的，我把他忘了，逕自回家。他怕了起來，大喊，「阿姨，阿姨。」——他叫我阿姨——「阿姨，快來，讓我出去。」所以我就把他弄出來。當時他已有天花，全身都是。後來他死了。他死的時候，正好是我回娘家的那半個月，所以我不知道。那個女人說他是受驚而死的，是我使他受驚致死。從此以後，我們就爭吵不休。我們吵得太兇，鄰居們就把她趕走了，後來她到鄰村跟一個修鞋匠同居。

她的大兒子後來回來了。他已經在滿洲結婚，有自己的家庭，他積了兩三百銀元給他母親，而且還帶著回來想再見她一面。但那時她已死了。我們招待他住了幾天，然後他就帶著錢回到他妻兒子女那邊。

我們西面對街住了一對老伯公伯母，是我公公的堂兄。他們年紀已大，又沒有子女，他們非常喜歡我。他們有土地有房子，他們用柳條編籃子和煮海水製鹽。

這個老伯公年過七十，身體強健，喜歡喝酒。他對我很好，但討厭我丈夫。老伯母是一個矮小的婦人，五十多歲。

我常去他們家。每當我丈夫沒有帶什麼吃的回來，我去他們家叨擾了許多頓飯。

大約在我二十幾歲的時候，老伯母去世。我照顧她，她病了一個月，最後半個月病得很重。

「我不要六宜子替我帶孝」，六宜子是我丈夫的小名，他家裡的人都這麼叫他。照理，他是最近的一個姪子，他應該帶孝。他們卻要我帶孝，替他們捧香爐，這是一個小陶甕，後輩的家人，每個人都放進一些吃的東西到裡頭，白米、餃子、饅頭等。他們把它塞滿，這樣可以多子多孫，而對就要遠去西天的人，則會有足夠的東西吃，對把食物放進去的人會帶來好運，放最多東西的小孩，將來最賺錢。最年輕的兒子在爐口放上圓圓的饅頭，饅頭上插一雙筷子。我必須充當所有的子女，放吃的東西到甕裡，我是最小的兒子，要擺饅頭插筷子，也是最大的兒子，要捧著香爐。捧香爐乃是代表孝子。香爐放在墳頭棺材板上。

老伯母走的時候，我隨侍在旁。人家說，自己孤單單死掉的人，死時沒有人在身旁的人，轉世投胎會變成沒有子孫孤零零的一個人。凡有人去世，家裡必須有人在旁邊。

我做了一個小紅包，使她去西天的路上舒服些，我把這個小紅包繫在她的鈕扣上。我從耳環上切下一小塊銀子，使她有銀子可以買東西，把銀子放進紅包，另外還放一小撮茶葉、一塊糖果和一點醃菜，使她的食物更有味道些。而且照當時的風俗，當老伯母斷氣的時候，我把這個小紅包塞到她嘴巴，使她升天的路上有東西可吃。我在她手上放了一把吃的東西，當她跨過大狗山時，有東西可以餵狗。我把她雙脚綁在一起，所以她不會再站起來。凡是兒子、女婿或女兒該做的，我全都替她做了。

她一斷氣，我們就去土地廟。我用擀麵棒在地上捶三次，去敲閻王爺的大門；然後對著天搖三次，去敲天門。

第二天早上，全家人不分男女，都到城隍廟去，這時土地公已把死者的靈魂帶來城隍廟，我們必須去餵它。我們捧一碗稀飯，灑在庭中，然後大家叩頭、哭泣。到了第三天，這些事移到天君老爺去做。親戚朋友都到那兒去。

葬禮在第五天辦。老人應該留七天，年輕人最少三天，但我們在第五天就把她埋了。前一天晚上，我們跪在棺材前面，身穿白衣素縞，大家飲泣，樂師在旁奏哀音。這是在啟靈。靈魂附在身體上已好幾天了，現在要啟程踏上未知的行程，當然會發現頗為困難。

我們把冥紙、紙衣、紙傭人燒給她，把灰放進泥盒。棺木一抬起來，泥盒往地上一摔，大家就哭將起來。我身穿粗麻，頭上綁著孝子的帶子，手捧著香爐，走在棺材前面。

老伯公過了一兩年以後也去世了。大部份財產留給老伯母的姪兒姪女，但老伯公老伯母為了感謝我，竟然留給我一棟房子。

這棟房子後來被我丈夫抽鴉片抽掉了。

我跟丈夫結婚時，他二十九歲，從十九歲起他就抽鴉片。他變賣一切就是為了鴉片。他忍不住，沒辦法。他拿走一切東西。我洗一件衣服，拿出去曬，人必須守在旁邊看到。如果我偷放一塊銅板到炕墊下，一定被他找著。土地慢慢沒有了，被他賣掉了。

我問我丈夫，「你為什麼要抽鴉片？」。

「哎呀」，他答道，「你不明白。九重天上的仙女全都來圍住我。」

他是一名漁夫。我們的村子就在海邊。一個男人有了家庭，有兩種生活不該去過。一個是當兵，一個是當漁夫。漁夫隨著潮水出海。他們有時睡一整天，然後乘夜出海。他們學到怎樣偷懶和不照規矩。大清早，補到的魚，不管多少，都送到五里外的城裏去。他們於黎明中等在城外，城門一開便進去。他們到市場去賣魚，然後到帳房支取現金。帳房位於客棧的院子，他們整天在那兒抽烟喝酒。剩下還有多少錢可以帶回家呢？他們如何能夠不抽鴉片呢？我丈夫心腸軟又愛交朋友。我姊姊的丈夫會打她。我的丈夫從來沒有對我揚手過，但他不帶吃的給我。一個月當中有半個月我和母親一起住一起吃。另外半個月我住在丈夫家裡，我哥哥送白米、麵粉來給我。

滿子出生時，母親到丈夫家來照顧我。母親在的時候，我在床上躺了四天。除了染上天花以外，這是我躺在床上最久的一次。我生了一個女兒。

滿子兩歲，我肚子又大起來的時候，我離開了丈夫和那個村子。這是我第一次離開他我打赤脚走。這是我第一次從丈夫家走到母親家。體面的女人是不在蓬萊街上走的。我們騎馬，用黑色方巾遮臉。但我氣極了，我們已經吵了三天。我所有的東西都被他變賣。母親在我結婚時送我的東西，現在只剩下一對銀髮夾。我喜歡這對髮夾，他竟然想賣掉，我不願意給他，我們打鬧了三天之久。在這三天中，我們一家四口，只有七碗稀飯可吃。後來他搶走那對銀髮夾，賣了一百個銅板，去抽他的鴉片。我們沒有東西吃。我帶著孩子，肚子裡頭還有另外一個，我走了。我說我會去討飯。

他的親戚站在他們的門口望著我們走過。他的堂伯，我照顧過他妻子的老人，跟著我到街上，求我回去。他淚流滿面，真為我感到難過。但我正在氣頭上，而且氣得不得了。我走到母親的家裡，他們把我帶進去。我在生氣的時候說要去乞討，但我不知道怎樣去乞討。後來我回到夫家，小孩出世又是一個女的。

五、我的爹娘　1881-1887

我結婚那一年，我父親開始自已做生意。他在蓬萊開了一間小店，賣些家庭用品。有四個人每人借他兩萬銅錢，總共加起來比我父親在人家店裡當伙計一年的總收入還多一些。一個是我阿姨的兒子，他入贅王家，他開了一間店，賣絲、緞和珠寶；一個是姓宋的人；一個是姓劉的人，他開了許多間賣漁具的店面；另外一個是我姑姑的兒子，他入贅劉家。這個姑姑就是買了我家菜園的那一位。她有很多地。我父親所擁有的地是很有限的。

父親太信任他手下的人，其中有一個管帳的很不老實。店只開了一年多一點就垮了，於是父親跑到烟台。他在一間店找到伙計的工作，一年賺五萬銅錢，另加年尾的分紅。

他到烟台大約一年以後，在秋天回老家住了十一、二天。他到我們村子來看我，但他不敢在城裏露面，或者讓人家知道他回來了，因為怕人家向他討債。

父親最後一次回家，我沒有見到他，因為那時我肚子懷著第二個小孩。我姊姊的小孩恰好生病，所以她也沒有回娘家。從此我們再也見不到他。如果我們回娘家，大家一道商量，或許我們可以留住他，不讓他再回烟台，可能他會多活幾年。父親死在烟台。母親不肯告訴我們他是怎麼死的，因為她擔心我會早產。

父親是這麼死的。他決定回家一趟，當時是陰曆二月，天氣還很冷。他來到嘉河時，發現渡船無人看守，他背上背著包袱，坐在船上等。河水不深，但很冷，因為他的脚不良於行，所以有點猶豫，不敢涉水。

我六、七歲的時候，我們家菜園有一口井，據說井水被毒蛇弄髒，因此決定把它清乾淨。父親要求工人下井清理，他們不肯。於是父親只好親自下去，他還沒有到井底，便聽到石頭鬆掉的聲響，往下一瞧，看到一段沒有頭尾的東西在泥漿裏滾動，父親馬上扯鈴，叫上面的人把他搖上來。他沒有碰到蛇，但已經中毒了。慢慢的他的腿麻痺，然後腫得像水桶一般大。我們按摩他的腿，漸漸紅起來，然後有七個孔流血，中醫開了一個方子，但我們錢不夠，因此沒有去買藥。我們把篦麻子和杏子搗碎做成膏，敷在他腿上。這是四、五月間發生的，直到七月，他腿上的洞才合起來。新年到的時候，他都還不能向祖宗磕頭。他的腿便從此僵直，有時會再度踵起來，傷口還會裂開。

他背著包袱坐在船上等船夫。他聽到有人叫,「文泉,文泉」,友人和同事都是這麼叫他的。

他四下張望,看不到人。他沿著來路回頭走,仍然看不到人。於是他回到河濱,然後想。「沒人可以載我渡河,只好涉水而行。」他脫掉鞋襪,捲起褲管,開始渡河。他又聽到喊他的聲音,「文泉,文泉」。

他回頭望,仍然看不到人。他怕了,於是跑將起來。河水非常冷。

他回到家,把這件事告訴母親。隨後他回到烟台,不到一個月就死了。他患腸熱病去世。顯然並沒有一個活人喊他。

我母親三十天後也死了。

她到了最後還惦記我。她活著,我還有地方投靠。她送吃的東西、米和麵粉給我。我是家裡的嬌女兒。他們總是愛我,替我想。

我母親躺在那兒,一天不如一天。

「我真不舒服,病得很重。我就要死了,我死了以後你該怎麼辦呢?」

快斷氣時,親戚全都來了,父親那邊的姑姑們,母親那邊的阿姨、姊姊、哥哥和我這一家,都隨侍在旁,她臨終所言所思都是為了我,以及她不在以後我該怎麼辦。

就是在她離開我們以後,我便挨餓,吃足了苦頭。

凡為人母,那有不為子女想的呢。母親臨死都還在為我設想。如果她不是那麼早死,我的一生也不會這麼苦了。

我侍奉母親七天七夜，不眠不休，直到眼前一尺幾乎都看不清。當我要去灶頭生火，竟然摔到灶磚。

有時候母親頭腦不清。她會起身四處走動。我懇求她躺下來，她反而為我想，叫我躺下來。

她說，「你不躺下來，我睡不著。」於是我躺下。然後她就設法起身，拿著小油燈，找她藏起來的東西。

我哭著說，「你要走，帶著我走好了。」

「那要看閻王的手肯不肯帶。」

她站起來，四處走動。她忙得很，雙手摸來摸去，但找不到什麼。有時她腦子清醒，於是又為我著急。

「我的時辰到了，」她說，「閻王爺派人找我了，我必須聽命。但你怎麼辦呢？你姊姊有一個好公公，治家有道，會照顧她。你哥哥是男人，會自己照顧自己。我擔心的是你，你的命這麼苦。你怎麼辦呢？」

然後她就抓床墊子。那幾天，她扯裂墊席，把裏頭塞的東西拉出一半。

我們眼看她日漸衰弱。我替她洗臉、梳頭髮。姊姊替她洗脚。

「你幹麼把我的頭髮梳成不一樣呢？」她看到我手上有一根紅帶子。她是中年婦女，用黑帶子攏頭髮，但要大行的人，必須用紅帶子束髮，雖然我有意不讓她看到，她還是看到我手上這根紅帶子。

我說，「如果時候還沒有到準備大行，我就用老帶子束髮。」她表示滿意。

但我還是用了紅帶子，因為我看得出來，時辰到了，她必須穿得妥貼以便大行。邋邋遢遢或者穿錯服飾便動身，乃是不孝。然後我們取新衣裳，褲子和袍子，替她穿好。她看看衣服，把袍子角翻開，看到襯裏是紅的，她知道這是什麼意思，然後就說，「還要兩件衣服」。照風俗，應該還要有一件裙子，像結婚穿的禮裙，另外一件長袍。哥哥和我一聽到這話，我們倆都哭了。哥哥說，「母親，如果你能多活兩年，我會把一切都備妥。」

因為我們過得一點都不寬裕。沒什麼錢可週轉。父親只能養他自己。哥哥供養母親，他帶回家的錢，母親用到我和孩子身上。他賺的錢足夠養我們，但所剩無幾。他沿街叫賣糖果，還有竹籤子給客人抽。母親看到她入殮的衣飾不全，我們不禁痛哭。

然後，我們把她從磚床上搬下來，把她放到我們為她準備的木頭長壽床上。我們不能揹上不孝之名，讓她死在磚床上，使她永世要在背上揹著一塊磚。

我母親去世時，我的阿姨和表兄姊們，以及姑姑們均隨侍在側。她最後的遺言是對我說的。她講話的聲音已經很濁重，我們聽不全。但我們聽得出她是在喚我小時候的乳名。她叫我的乳名，要我上前去。我知道她想告訴我她把少許的錢藏在什麼地方，這些錢是給我的，但我無法聽清楚錢藏何處。隨後她就斷氣了，大家放聲哭。家人均在旁，姨媽和舅舅，哥哥和姊姊。

然後，我便清理她的櫃子和抽屜。這邊找到一百錢，那邊發現兩百錢。我把全部收攏來，而且說，「這是我的，她留給我的。有了這些錢，我還是窮，沒有這些錢，我也是窮。」

所以我就買了一些白色、銀色和黃色的紙錢，焚燒給母親上西天之用。我一直哭到看不到跟前的雙脚。

隨後我哥哥生了一場同樣的病，躺在床上猛抓床墊。我母親在四月十八死去，哥哥五月初三患病。我看護他。他腦子不清的時候，就大叫說，「林老二偷了你的褲子」，或是「我必須騎老王的白馬，騎起來舒服得很。」

他總是大叫這些事體，使我怕極了。他的雙手不斷的去修理鞋子，原本他是學修鞋本事的。

我找到一個懂針灸的人，用針去灸他。哥哥年輕體壯，後來病好了。但也過了四十天才能踩地，而且人很虛弱，必須由我扶著才能走路。

那時，他對我很好，像母親一樣。但我姊姊不好。她心腸不好。她對哥哥說，「對已經不再跟你同姓的人，你還要作牛作馬多久呢？到底有完沒完？有個兒子就好了，可是連個兒子都沒有，誰來擔這個擔子呢？你永遠不想結婚有自己的家室嗎？」

她就是這樣對他說，終於改變了他的心意。有一天，哥哥不告而別，遷去烟台。

我家的土地沒有了。我公公，他老人家看到土地已經沒有了，在城裏，在鄉下，一樣是編籃子。他所賺的錢，只能勉強維持他自己一個人。在城裏，我至少跟親人近些。所以我們賣掉房子，得七萬錢。到城裏租一間三萬錢的小屋，租期四年。那時房子真便宜，而且容易找到。

母親死時只有五十三歲，那年我二十一歲。

六、挨餓 1887-1888

我窮坐家裡，一天過一天。饑餓咬噬我。我怎麼辦！母親死了，哥哥走了。我丈夫帶食物回家，我吃它，小孩跟著我吃。女人家不能離開門庭。如果女人家出去做活，鄰居會恥笑。他們會說，「某某人的妻子出去做活」，或者說，「某某人的女兒出去做活」。我甚至於不知道怎麼去乞討，所以只好呆坐家中挨餓。有一天我餓得受不了，拿起一塊磚頭，把它搗碎，然後吃它。這使我好受多了。

我怎麼知道該怎麼辦呢？我們女人家除了梳頭髮、纏足、在家等男人回來外，還懂什麼呢？我母親饑餓時，她坐在家裡等父親帶吃的回來，所以我餓了，也是在家裡等丈夫帶吃的回來。

我丈夫把我們所有的一切都變賣。

我有一頂皮帽，他想賣掉它。我求他不要賣。「留住這頂帽子。」這是我舅舅的。「拿我的袍子去吧。」他取走袍子賣掉去買米。他回家吃東西，只喝兩碗稀飯。我還奇怪他怎麼吃這麼少。我四處看看發現皮帽不見了，就知道他拿去賣掉抽鴉片。抽鴉片的人不在乎吃的。

然後他說他要做小販賺點錢。

我說，「我們沒有本錢」。

所以他就把棉被賣掉，買進一些小米和棗子，告訴我說要做粽子，秋天大家都吃粽子。

他還買了粽葉來包。

「如果你不把粽子做好，我們就沒有東西可賣。」他賣了三天，血本無歸。

他和他老頭，離家走了。家裡連一粒小米都不留。

我有一個堂舅姓劉，他買了我們老家的菜園。他帶給我一籃賣不出去的瓜果。我沒有油可以煮來吃，沒有松子可以生火。我和孩子就這麼生著吃，一口一口的咬。

家裡兩個男人，我丈夫和公公，離開我們出走，當時正是秋天。我身邊帶著兩個孩子，滿子五歲，清雅三歲。一點吃的東西都沒有。屋子裡所有東西都被他們賣光了。

我對自己說，「我就到田裡去拾落穗。」因為那時是七月，正是收割時節。我用褲帶把小的綁在窗櫺邊，免得她從炕上掉下來，把兩個小孩關在屋裡。我這樣做了很多天。我到收成的田裏撿拾老半天，下午才回去。我撿玉米和豆子，因此才夠吃，還有得剩。我有半缸玉米，半缸豆子。同時我還從路旁和墳場搜回乾草，所以屋子總有一小堆乾草可以生火煮東西。

我常常在外頭拾落穗一整天，回到家看到滿子在街頭玩，我問她怎麼出來的，她說，「剛出來」。我趕緊進屋，發現小的哭得臉都發紫了。她從炕沿掉了下來，被綁在窗櫺的褲帶吊在半空。她睡著了，她自己哭得睡著了。

屋裡沒有煮東西的鍋子，我還得向鄰居借鍋子來煮撿來的豆子。我丈夫連鍋子都賣了。他乘晚上我睡時，把母親送我的鍋子偷偷從後門取走，拿出去賣了換鴉片。抽鴉片的人是沒有臉皮子的，腦子裡從來沒有一個像樣的念頭。我還得去借碗碟來吃東西。但我們畢竟有足夠的東西吃，還有剩。兩個孩子和我就吃我撿回來的東西，剩下一碗豆子，我把它放在架子上。

隨後他回來了。他和另外一個人用竿子挑了一個大籃子，上頭坐著老頭子。老頭子染上霍亂。

我們把他放在西邊的屋子。

我丈夫有兩寸長的一串錢，大約七十錢。我叫他拿二十錢去買點米，我把豆子摻在一起煮給他們吃。

剩下的錢掛在牆頭釘子上。

我照顧老人家。染霍亂的人，死得快，但他不然。我照顧他兩天，又吐又瀉，我還是照顧他。但他卻不死。他兒子應該跟我們在一起，他卻不知跑到那兒去抽鴉片了。抽鴉片的人，還知道什麼家人、名譽和臉皮呢？

住同一個院子的鄰居對我說，「現在是你需要人手幫忙的時候」，意思是指我丈夫應該在身旁。

我說，「是啊，我需要人手幫忙。」但他不回來。

晚上我做了個夢。兩個小鬼到我床頭，告訴我是該我走的時候了。我說我不肯走。他們說你非走不可，閻君老爺已經下令，只是以前沒有時間來找我。他們堅決的說，我必須跟他們一道走。他們帶著鍊條想把我雙手綁起來。我說首先我得先向哥哥道別。似乎那時候老人家蹲在灶前，在點他的烟管或是生火，我丈夫睡在炕上，我那兩個小孩則大哭，不肯讓我走。我非常為難，我不能離開她們。我痛哭起來，此時小鬼就走了。

這是第一個夢。隔天做了第二個夢。我夢到自己坐在鄰居房子的台階上，太陽有一半沈落在天邊。一個紅眼珠滿臉瘡疤的大鬼，兇狠狠的來找我。

「時候到了！」他說。

「你認為他們太小，不肯跟他們走。你用言語把他們壓下去。但我可不會被你用言語壓下去。十五天內你必須跟我走。」我低著頭不答話。

那年夏天有一場地震。那幾天，我無心做事。我老是想，「十五天內我就要死了。」我把情形告訴鄰居，他們說，「不要擔心，也許你是代你公公做個夢。」

這些夢是五月做的。老人家七月去世。

我坐在窗下的院子裏，做鞋子，我聽到有什麼東西掉下來的聲音。趕忙跑進屋內，雙手抱著老人家，喊著，「爸爸，爸爸，怎麼回事？」

他說，「沒什麼關係。我會好起來的。讓我撐過這段生病的日子。但是如果我撐不下去，我妹妹說她會替我買棺材。她說她怕把錢交到我兒子手上，怕他拿去買鴉片抽。她怕如果給了他買上等棺木的錢，他會買一個劣等的棺木給我。如果給了他買劣等棺木的錢，他會只用草蓆把我包一包了事。但她說她會給我錢。」

我把老人家放回床上。

姑姑是個寡婦，住在宋家村。宋將軍騰達以後，村子裏每個人都有賞。姑媽依靠宋將軍所賞賜者為生，她有兩個女兒。當孩子的爹進門，我把他父親說的話轉告給他，告訴他到姑姑家去。

他早上出門，我整天照顧老人家。我丈夫早上九點出門。大約下午五點，老人家不行了。他在炕上，叫著說，「我要下去，我要下去。」

只有我和孩子們在一起。我們沒有長壽床。我把裏面房間的兩扇門板取下來，我把兩個小孩放到一個門板床上，用雙手抱著老人家幫忙他坐到另一扇門板床上。他是矮小的老人家，我則年輕體壯。我幫著他從炕上下來坐到門板床上，我坐在兩塊門板的中間，一隻手摸著小孩，另一手扶著老人家。我就這樣子坐了好幾個小時，但他還死不了。

天漸漸黑了。鄰居的小孩過來借兩個銅板買燈油，我說我有錢，我很自豪我可以說我有錢。我走到牆頭去拿那串掛在釘子上的錢，卻不見了，被我那老鴉片鬼取走了。我們一一數過。二十四個銅板可以買一兩鴉片。我知道除非他抽完鴉片，否則是見不到他人的。牆上那串一共有三十個銅板。

鄰居的女兒只得轉向別家去借燈油錢。那一年大家手頭都很緊。她也替我借點錢。東借、西湊湊，最後還為我弄到滿滿一小杯油，我把燈蕊放到碗的邊緣。

我坐在那兒，同時扶著小孩子和老人家。他的兒子，孩子的爹，依舊沒有回來。油燈燒光了，我們坐在一片漆黑裡頭，老人家精神突然振作起來。

「我要回到炕上。」

我對他說，「起先你要下來，現在你又要上去。」

但他仍然說，「我要去炕上。」

我到鄰居那兒，跟他們說老人家要上炕床。我過去的時候他們答應了，但一直不來。第二天，鄰居告訴我，她丈夫不准她來，他告訴她霍亂會傳給人的。

老人家仍然叫著讓他上炕。我說，「你沒這個力氣。」但他堅決要做。於是我從他雙肩下抱著他拖往炕去，快到炕沿的時候，他人突然整個垮了下來，身子一半在床，一半在外。我呼喊他，但他不應。我又到鄰居那邊，求他們借點油給我。我向很多家人求借，最後有了足夠的油來點油燈。我回到家，他已經死了。在床沿我雙手抱他的時候就已經死了。我放聲大哭。我是為死人而哭。但鄰居沒人來。我把小孩帶到院子裡，把內室的兩扇門放回去關起來。我把房門關上，手上抱著兩個孩子，坐在院子裡。他死了，而我並不傷心。

天亮了，本來應該在的人回來了。他走進院子，我不睬他，鄰居們也不理他。我們全都氣他不過。

隨後，他就叫道，「爸爸，爸爸，你沒事吧？」

我們沒有一個人答他。

於是他又說了，「爸爸，爸爸，你死了嗎？」

我的鄰居氣極了，她說，「不，他沒死。他只是沒氣息了。」

隨後，我幫著他把老人放到半扇門板上，頭朝南，把他的臉蓋起來。然後，我孩子的爹便出去討棺材錢。姑姑只給他一千錢，兩小串。那年我們真是霉運。她也生病了。他討了三天，一無所得。姑姑給他的錢，也只剩三百二十錢。屍體還是躺在門板上，肚皮開始腐爛，臭氣沖天，不但屋子裡人待不住，院子裏也待不住。最後，我們用蓆子把屍體蓋上，放在木板上抬出去，因為沒錢買棺材。我們就用那三百二十錢，雇了兩個人，連同他兒子，一起抬他出去埋掉。

我們把他埋到寧家墳場。我們搬到市區住以後，我們家的祖墳就賣掉了。祖墳是不可以賣的，但抽鴉片的人，還知道什麼忠孝或羞恥呢？老祖父的名字是列入家祠裡的家譜的，家祠旁邊有一塊地，用來維持家祠，使家祠得能受到照料。這塊地以及照料家祠的事體，由族裡的人輪流負責，每年都換人。每年二月和八月，家祠的大院均舉行慶宴，用草蓆搭起棚子，全家族的人都到場，把祭品擺在供桌前，大家就在祖先面前大吃一頓。我們沒去，因為我們太窮，輪不到我們來看管這片地。我們與慶宴無關。但我們可是寧家的人，我們也可以葬到寧家墳場。我們把他埋在祖先身旁。

我哥哥走時是六月，九月他回來了。他連個衣服都沒有。身上穿的還是出走時的那一套，白袍子和白褲子。袍子上的泥巴比布還厚。他在烟台沒有朋友，因此找不到事做。我看到他，就告訴他，你何必偷偷摸摸的走。因為他待我如此，他自己心裡也很不安。我姊姊不安好心，而且又會耍嘴皮子。她說，他應該為自己打算，人都三十歲了，是該成家了。如果他非得供養我跟我的孩子，那要到什麼時候才能了結呢？

那年冬天，哥哥待在家裡，和以前一樣的幫我忙。然後，到了春天，他就去了滿洲的錦州，投靠宋將軍當兵去了。此後再也沒有聽到他的消息。他到滿洲去，當時正與日本人、英國人、俄國人打仗。同時也出兵打回回。我想他是宋慶將軍手下的士兵，在某次戰役中被打死了。

母親死後一年，我拿著一根竹杖和一隻飯碗，開始討飯。當時正是春天，我二十二歲。

女人家離開家門，實在不是一件小事，這就是為什麼我忍受那個鴉片鬼丈夫那麼久。但現在我已無法在家裡住，只得出來。我在人家不認識我的市區乞討，因為我怕被人認出來而遭恥笑。我把打狗棒(乞丐用來打狗的小棒子)放在長袖裏面，所以人們便看不到它。每天我們兩個都出去要飯，我丈夫帶小的，我帶滿子。我們看到開大門的人家，我就讓滿子進去，因為小孩比較容易打動人的善心。

隨後，冬天來臨，下雪了。雪連下三天，我們無法出去討飯。小孩的嘴唇乾裂。鄰居們給他們一碗稀飯。我穿上三雙鞋子，因為每雙都破得很，只得穿三雙來護脚。我已不再纏足，脚板都張開了。我穿上三雙鞋子，走向西洋傳教士家裡的後門。

外國人在觀音堂所在的地方蓋了又大又醜的房子，他們就住在那兒。剛好是我以前住的隔壁。

人家說了很多有關外國人的壞話，而且還深信不疑。他們說外國人給人吃藥，使這些人投靠他們。外國人會施法術，使人半夜起身走向他們。外國人會把人捉起來，送到狗國去賣，照身子的重量換成白銀。

某天，有個婦女坐在市集。雙腿盤坐，兩手垂膝，低著頭。她坐在那兒，動也不動，過了很長一段時間。最後人家對她說，「你幹麼坐著不動，你睡著了嗎?」後來他們發現她早就死了。每隻眼睛、每隻手都貼上紅膏藥。人們再仔細檢查，發現她的雙眼被挖空，雙手也被穿洞。她的心也被拉出來。他們說，這是外國人幹的。

但那時，我已經對外國人有所了解。我知道，他們是好心腸的人。有一天，我在乞討時，看到一個老婦人，也在街上討飯，令我心酸不已。她用雙手雙膝爬行，像四隻脚的動物一樣。我的心裡大為震動，同時也平靜了下來。至少我還有兩隻脚可以走路。

她本來家境不錯，有自己的房子。她丈夫因為肺病而死掉，於是她就替官宦人家做針線。她隨他們到過九個省份。什麼針線她都能做。她有個兒子，送他上學堂，她賣糕餅來付學費，每次付五個或十個銅板，也為他娶了個媳婦。兒子也因為肺病而去世。她原來仰賴一個孫子來撫養她，但這個孫子一點都靠不住，媳婦更是如此。他們把老人家的東西一件一件地賣光。最後什麼都不剩，只留下她戴起來做針線的眼鏡。

「眼鏡交給我」，媳婦說道。

「那我做針線時，靠什麼來看呢？」媳婦從她臉上搶走眼鏡，猛打她背，然後一走了之。她把兒子帶走，住在市集。

老婦人現在無以為生。她沒有錢付房租，被人趕了出來。她在很冷的地方睡，脚因此而被凍壞。

這些都是好幾年以後，我從一位老朋友那兒聽來的，這位朋友住在靠近石橋那邊的鼓樓。這個老婦人曾經睡在她家走道上。我朋友對老婦人很好，給她錢，好言相勸，請她繼續上路。她是怕老婦人死在她家走道，要對那個沒有原則的孫子負責。這個孫子會揚言說，老婦人之死，是走道這家人的責任。這位朋友就怕官司上身，如果光是花錢把她埋了，那還是小事。

石橋位於水門那邊大街與河交叉的地方。老婦人從橋畔往下跳。她想自殺。我親眼看老婦人在橋下駝著背，苦痛萬分。大家就像看戲一樣的去看她。倒是外國太太有善心，把她帶

個一是真那。了埋她把士教傳，世過後以久不，天多許裡家士教傳在住她，口傷滌洗，家回
又勇敢又慈悲的義行。老婦人頭皮全是蝨子。

外國人講的話，要等到大槍會、義和拳的事件以後，才被人當一回事。在此之前，他們是到處被人當做異端看待的。他們出外去傳教，大家拿石頭丟他們。如果他們開壇講道，像現在一樣，人家會把它拆掉。蓬萊的居民尤其仇視外國人。

我知道外國人很有善心。我穿三雙鞋子，在深雪中跋涉到他們的後門，他們的廚子給了我一包碎麵包，一小罐米，一小罐麵粉。那是我第一次見到廚子老韓。我又到別的傳教士家乞討，他們送我米，送我小孩穿起來很保暖的外套。我回到家裡，於是大家才有得吃。

七、幼女 1889

我們吃完了人家施捨的東西以後，我跟以前一樣又出去乞討。有一天，我正在路上走，有一個人叫住我。

「妳姓寧吧？」我加快脚步。將打狗棒更往袖口裡塞。我當時正在家人以前住的那一帶。我回到老巢，但可不願意被人知道當乞丐，而使家人蒙羞。

「不是有一個姓寧的人，名叫某某嗎？」這個生人問道。我說我不明白你在說什麼。然後，這個人說，「我風聞有這麼一個人，正在設法賣小孩。」

當時我還年輕，沒有經驗。我心裡想，「他真想賣女兒嗎？」回到家，我便問他。他大笑，而且說，「他們一定聽到那一天我說的笑話。」

我信了他。那時，我是又年輕又單純。我才只二十二歲。

冬天，有錢人家會搭起蓬蓆設粥廠，將稀飯施捨給窮人。我們每天都去吃一頓熱稀飯。我們就在那兒碰頭，因為他帶著清雅在市區的那邊乞討，我則帶著滿子在另一邊乞討。

有一天，我丈夫如常地把小女兒交給我，說，「看著她」，稀飯施捨站一個管事的人，正好看到他這麼做。

「那是你男人嗎？」管事的人問道。我答說是的。

「他正設法要賣女兒。他告訴人家說，女兒的娘七月間死了。」

「喔！那是他用來討飯時說的話，」我說。但我內心裡已經生疑，他真的是想賣女兒，而有意不讓我知道。

有一天，地上因為溶雪而濕漉漉的，我發現即使穿三雙鞋也不夠，肉都看得到。

「你待家裡」，他說，「我出去乞討。」他跟往常一樣，手抱小女兒。「你們待家裡，」他說，「我會帶吃的回來。」

滿子和我，兩個人等著。白天過了，天轉黑了，他還是沒有回來。天氣很冷，我打開衣服，把滿子包在身上取暖。他還是沒有回來。我們摸黑躺著。那年冬天我們沒有燈，因為沒錢買油。我聽到更夫打過三更，我知道夜已過半。他仍然沒有回來。

隨後，我聽到他推開門，在門檻上摔了一跤。他吸飽鴉片，行動不準。我等他說往常一樣的話，「把小孩抱去，看著她。」但他一言不發。我聽到他把什麼東西重重地摔到床上。

「你要把小孩摔到斷氣嗎！把女兒交給我。」

他依舊一言不發。

「怎麼回事?女兒給我。」他只是支支吾吾。

「點燈，讓我告訴妳怎麼回事。」他說。

「這間屋子沒有點燈的習慣。難道你不認得我，我不認得你，必須點個燈才能互相說話嗎?告訴我怎麼回事。」然後他點根火柴，我才看到那有小孩，只有一綑地瓜。

「我賣掉她了。」

我從床上跳起來，根本忘了滿子還在床上。我抓住他的辮子，在手臂上繞了三圈。為了女兒，我跟他拼了。我們滾到地上猛打。

鄰居們來了，想息事寧人。

「如果小孩還在城裡，而且我們有人看住這一個，我們會找到小孩的。」他們說。

於是我們四處找，找了一整個晚上。我們穿過鼓樓到城南，又回到闈場。我們在城裡繞了一個大圈，而我的手始終抓著他的辮子，他逃不了的。

我們找到了一間房子。孩子的爹去敲門，幾個男人來到門口。這是一家人口販子，他們買女人賣給別的城市的妓院。這個行當是非法的，被抓到的話，是要關進監牢被罰的。他們不敢讓我大鬧，但我只好大哭出聲，這樣鄰居才會攏過來。收買小女孩的販子，只得輕言細語的講話。我的鄰居說，「他說到的，就得做到。現在我們逮到他，會找到小孩的。」但小孩並不在屋裏。

「帶我去看我女兒，」我要求道。這個人答應了。所以我們再度趁夜動身，跌跌撞撞的走過街路。這時有一個會動腦筋的鄰居說，「你幹麼還緊抓著他，現在用不著他了。」我仍然抓住他的辮子。「抓住那一位別給跑了，他才知道小孩在那兒。」

於是我放開我丈夫的辮子，一步跳到那個人身旁，抓住那人的袍子角。「你幹麼抓我？」他說。

「這樣你才不會溜掉，使我又丟掉小孩。」我丈夫趁黑溜走，我們則一直向前行，來到一條窄窄的巷子口。

「你們待這兒，」這個人說，「我會進去叫他們。」

「不，」我說，「你到那兒，我跟到那兒。這是什麼地方，我不能跟你一道進去？」

他說這是一戶人家，我說，「人家！如果你一個大男人可以進去，我一個女人家，更可以進去。就算是一個單身漢的狗窩，我一樣進去找我小孩。」我抓著他的袍角，走進窄巷來到一個大門前面。他敲門，我仍舊抓著他。

開門的人用雙手扶著大門的兩半，阻止人家進去。但我一縮身從他臂下一閃，他來不及擋我，我人已經進了走道。我穿過院子，喊著，「清雅，清雅。」小孩聽到我的聲音，知道是我，便應聲回答，我終於找到了她。這間屋子的女人想用寬寬的袖子藏住小孩，但我把她一手推開，把女兒抱了起來。那個人擋在門口，說不讓我出去。

「那麼，」我說，「我就待在這兒。我女兒在我懷裡。我們母女一起死在這裡好了。」我坐在地板上，雙手抱著小孩。

鄰居們聚攏來，大家開始談。他們說，不經過母親的同意，小孩子是不能賣的。對方表示，我丈夫說起先我不肯答應，因此他們另外付給他五百錢，他們原本已經付給他三千錢。我的小孩，他只賣三千五百錢。

他們想恐嚇我。他們說要把我們母女一起賣掉，好取回他們付出去的錢。但我說，「不，我家裡還有另外一個孩子。我必須回到另一個孩子身邊。」鄰居們全都開始議論，說我另外還有一個小孩，非回去不可，而人口販子則說他們的錢非要回來不可。

「你們待在這兒，直到我們出去把錢取回來為止。」他們說。但最後我們全部人一道離開。我背著孩子，他們則跟著我們一起回去拿回他們的錢。他們點起燈籠，讓它照著我的脚。隨後，有一個腦筋靈光的鄰居說，「今天晚上這樣冷，路又這樣長，我們走得夠多了。讓我來背孩子。」

我說我沒有問題，身子也好，自己能夠背她。

但她還是說，「我的袍子比你的大。我可以在袍子裡背小孩，保護她不會受凍。」所以我就把孩子交給她。她向前走去，慢慢地消失在夜色中，等我們回到家，她跟孩子都在，但我那鴉片鬼卻不見了。她知道他早將錢花掉了，沒有能力還錢，他們一旦發現這點，一定把他拖出去毒打一頓。所以她先回來好警告他，他便趁黑偷偷溜掉。而小孩也平平安安的回到家裡。

這件事就這樣了斷。

他答應再也不賣小孩，而我相信他。

老一輩的人告訴我們說，一個女人家，丈夫比父母還要來得重要。她跟父母只有一段時間，跟丈夫卻是一生一世。他也以為他最重要。如果妻子對丈夫不好，是會遭天譴的。

我丈夫坐在炕上，兩脚支著下巴，頭垂靠著。突然之間抬起頭來，從眼睫下瞧我。

「哈！妳幹麼不想個法子？幹麼不想個辦法使我們有得吃？」

我答說，「我能怎麼樣呢？我家沒錢。我又不認得什麼人。」

最後，他會起身出去乞討。有人勸我離開他，另外找個男人，或者去偷或是去當婊子。

但父母留給我一個好名聲，雖然除此之外再也沒留給我什麼。我可不能敗壞家聲。

那時候可跟現在不一樣。那時女人沒有自由。我還是跟著他。

我們乞討，到義膳房喝稀飯，這樣又過了一年。

孩子的爹，有一陣子還挺好的，我想他學到了教訓。他答應不再賣小孩，而我也信了他。

直到有一天，他再賣掉女兒，這次我卻要不回來了。

我的小女兒四歲時，第二次被她父親賣掉。當他回到家裏，身邊不見女兒，我就知道他幹了什麼事。我說我會上吊，滿子也一樣，我們母女兩個應該一起死。我滿地打滾，悲痛異常。他一看這個情形，怕了起來，說我不必去上吊。他帶我去收買我女兒的人家家裏。

這是一個做官人家，有兩個老婆。大太太生了許多小孩，二太太則無所出。她過去當妓女，但卻是一個好心的女人家。就是她買了我女兒。她來到院子見我，同我說了許多話。她說，「你們只靠討飯，如何能夠養兩個小孩呢？你的男人不成材，妳是知道的。我不會把妳的小孩當奴僕看待，我會待她有如自己的孩子。她跟著我，不是比跟著你們好嗎？妳把她帶回去，他不會再把她賣掉嗎？而且，妳也可以隨時來看她。」

我知道她的話是實情，所以我就離開了。

他第一次是以三千五百錢賣掉她，第二次我不知道他賣多少錢。

我去看過小女兒許多次，我看到他們待她不錯。

她七歲時，他們一家離開蓬萊，從此再也沒有他們的消息，直到我孫女兒已經半成年，才又得知他們的音訊。他們養育她有如自己的女兒，教她做針線，後來嫁給一名年輕的水果商人。她在家裡受到很好的照顧，但我再也沒有見過她。

因為我丈夫賣女兒，我從此離開他。我帶著滿子走了。我告訴他，我過我的日子，你過你的日子。他住在我租的屋子裡，但我並不回家。租約到期，我不再續租。他要住那兒，任他去。他在各個鴉片館之間來來去去。我教我女兒滿子，一看到他就躲起來。如果他把她賣掉，那怎麼辦？我不肯跟他住。

乞丐的生活並不是最苦的。自由得很。今天也許不夠吃，但是明天會有更多吃的。無所謂面子不面子。每天就是吃你當天乞討來的東西。城裏的風光，對乞丐而言是免費的。廟會期間，人如潮湧，糖棒棒上飄飛著小旗子，陀螺的聲音，咯咯作響，空中五彩繽紛，婦女穿著鮮麗的衣服，神座前焚燒的香，鐵爐裏堆積的烟灰，火苗往上竄，這時節正是乞丐的豐收季。廟前空地上正在演戲。靠得最近的就是乞丐，女人家要端架子，必須坐在棚子裏或是坐在茶座人潮的邊緣。除了當乞丐的女子外，別的婦女是看不到縣官身穿錦袍，到廟裡祭壇前獻祭的盛況的。

中午時分，乞丐們便來到施捨稀飯的義膳，群丐麕集，互相做伴。這兒東西是熱的，氣氛愉快，彼此相親相近。這兒沒有前程可言，但也沒有憂慮。古諺說，「乞丐兩年，縣官不易。」如果乞丐不生病的話，倒是實情。

但我覺得夠了。我已經討飯討了一年，但卻住在自己的家裡。現在我不能住自己的家，非得「出外」不可，雖然我們家的女人過去一向沒有「出外」過。

八、住武官家裡　1889——1896

城裏的有錢人家，在一間廟施捨稀飯給窮人吃，天天如此。我帶著滿子，到那間廟去。這兒乞丐群集，那些靠窮人而賺錢的人，也都到這個地方來。買賣小孩就在此地進行。我丈夫也是在這兒把女兒賣掉。做媒的人，想找傭人的人，全都到這兒來。我手牽著滿子，到了那裡，聽說敢死衙門有一個武官家裡需要一名女傭。我到衙門去，成為一名女傭。

我們離家時，滿子六歲。那天是十二月十七。十二月二十三，滿子就染上天花。老天該給的，都給了。

主人身邊有三個小孩。長子已經成人。跟他一起住的是十五歲的女兒，十二歲的兒子，最小的女兒跟我小孩一樣是六歲。他們打過疫苗。我女兒病得很重。

我對自己說，「人家僱我來工作，我怎麼能夠待在這兒，一邊又要照顧自己的小孩呢？」

於是我跑去向女主人說，「我不得不回去。」

「妳有什麼地方可去呢？」她說。「妳必須有松枝在炕下燒，小孩才能保暖。妳必須有麵粉，才能煮湯給女兒喝。我去向主人講情。」

她是主人第二個太太，是個後娘。小孩不是她生的，所以她不便做決定，但她了解為人母的心情。滿子和其他三個小孩，一齊躺在炕上。我被叫去見主人。

他說，「我聽說妳想回去。」

「我還能怎麼辦呢？」

「且先等一陣子再瞧吧！」

「小孩的病可能越來越嚴重。」

「到那時候再說吧。人什麼時候死，不是天注定的嗎？我們家不是房間很多，院子很多麼？」他們不肯讓我走。我女兒和我住到院子角落的一間屋子，與別人分開。

主人遣了衙門的差役去找醫生，這個差役一邊跑一邊高舉紅牌子。我女兒吐得一塌糊塗，氣味難聞。醫生把著她的脈，然後說「只有一樣東西可以救她，她必須吃鯉魚。」她的眼睛已經凹進去，只有這樣東西，才能使眼睛再突出來。主人於是又叫差役拿著牌子跑出去，差役跑了這個衙門又到那個衙門，最後在縣衙門找到一條鯉魚，那是人家送的年禮。信差帶回一條大鯉魚，女主人親自下廚煮湯。她把滿子抱住，滿子全身發臭，她把湯從喉嚨灌進去。主人的女兒則握著滿子的手。滿子就是這樣才好轉過來的。

我在他們家待了六年。他們待我很好。主人常說，「妳的炕為什麼不生火呢？」我是忙著為孩子們做針線。

突然有一天大女兒說，「妳看，老爺親自為妳生火。」

他把身上穿的鑲皮絲袍捲起來，手上拿著一綑松枝，走向炕的開口，大房子炕口在窗外，而不是像我們的小房子炕口在室內。他要替我生火。

我趕忙出去，說「我怎麼能讓您做這件事？」並且把松枝從他身上拿過來。

為兩個小的孩子做針線，煮大約十個人吃的飯，這些是我的工作。廚子負責煮肉做菜。飯後洗碗碟也是我的份，我也為別的僕從洗碗碟，免得他們不喜歡我。

我沒有什麼衣服可穿。在屋子裏，我穿以前的舊東西。我出去外面，女主人會把外衣借給我穿。

孩子的爹跑來找我，但是院子很多，門房不讓他進來。他們說不知道有這個人，所以他沒有找著我。於是他坐下來，大叫我的名字，這使我丟臉極了。但門房告訴他不認識這麼一個人，藉以保護我。即使這樣，我一聽到他叫我，便躲進裏面的院子。

剛開始工作時，女主人要我去叫男僕來，或傳話給某一個僕從，或帶個話兒給主人，我害怕極了。我很怕羞。從前一向沒有跟別的男人打過交道。

女主人說，「哎，妳現在做事了。妳還怕人嗎？一個人既已追隨了主人，就不必再怕了。」

她引用一句古諺對我說：

「良女不怕人，
好酒不會濁。」

我的主人，劉少校，乃是登洲府守備軍的第二號司令官。蓬萊是知府和守備軍所在地，因此文武官員均有。文的有知府，（府行政長官），臬台（法官），知縣，主、副考官，禮官。武的有鎮台（司令官）、敢死（副司令官）和守備。

我的主人是個管帶（少校）。當王鎮台（少將）出城，主人就代理他的位置。這時，吃飯要奏樂。號聲和鐃鈸一響，主人便現身，飲酒和出菜時也奏樂。

一年有兩次祭典，二月和八月。每次各約十五天。每天清晨尚未破曉，我便得起身燒水，供主人洗臉嗽口，以便主人可以前去參加祭典。做這些事，我從來沒有怠慢過。如果他要我叫醒他，前一天晚上會先告訴我。

每個月至少兩次，初一和十五，有時還更頻繁，我的主人會穿著官服，到廟裡和其他文武百官一齊燒香祭拜。他的官服刺滿錦繡，前後各有一塊方紗，縫邊有浪紋。看起來很堂皇。帽子上有紅絲帶和孔雀翎。他官階不小，甚至太太也有一根小小的孔雀翎，她把它繫在髮髻上，遇有國家慶典外出時，她便戴上，她帽子上也有一個官家的徽章。但最好看的，還是主人全副戎裝檢閱軍容，或到城門三里外，迎接及護送封疆大吏的來訪和離去。那時，他身穿戎服、寬肩，前面刺滿錦繡，頭戴高高的盔甲，看起來極為堂皇。他拉弓使劍的本領，比我見過的任何一個人都好，姿態優雅。而他一點也不年輕，六十四歲的人了。他真是一表人材，高大，紅光滿面。

他不是生來就當官的，少年時養過豬，然後去當小兵。他不識字。他會叫他的跟班唸書給他聽，當做享受。我就是這樣聽了許多歷史故事和言情故事。他和女主人都不會記帳，全由跟班代勞。

女主人不是第一任太太，比他恰好年輕三十六歲，所以他們兩個同屬一個生肖，都是屬鼠。生肖和人的命運有關。

女主人現年二十八歲，只比我大五歲。自從第一個太太去世以後，她便嫁給他，約有五、六年了。人家說，他們早在成婚以前就認得了。她出身烟館。她是蠻好的一個女主人，對他的子女也是一個好母親。但她脾氣很躁，小事情也罵人。她的根柢不好，但本身並不是一塊壞料。

我們那時都還年輕，漫不經心。怪不得女主人有時會對我們發脾氣。我到她家才二十三歲，廚子十九，有些僕婦年紀大些，但我們全都貪玩。

主人年事漸高，不太搭理公事。他最喜歡賭賭小錢。這種玩法連賭博都還談不上，籌碼從來不會超過幾文錢，串都不必串，也買不到什麼東西。如果家裡沒有客人，他就跟司書和下級軍官玩。如果天氣不好，下大雨或大雪，這些人不來，他就叫女傭和丫頭跟他玩。「老寧、老宋、老潘，過來。一桌四口才成局。」「老」是呼叫僕從的話語，表示尊敬的意思。我們都會過來同他玩。只要家裡沒有外人，我們就坐到桌上和他玩。一有外人，我們就站在椅子背後，又當起傭人來了。他會叫我們去，我們回說，「飯還沒吃完。」

「吃快點，」他會說。

然後我們就說，「鍋子還沒洗好。」

他就說，「放那兒，別洗。」

這時廚子和老王——廚房供差遣的那一位，他們就很不高興，因為他們要做的事增多了。但我們一定陪他玩。

有一天，主人在院子裡坐。這個院子很大，有花有樹。當時有許多工人、木匠、泥水匠正在修理房子，廚子在切菜，傭人們也都各忙各的。女主人在最裏面的屋子替兩個女兒纏脚，她把她們的雙脚泡在溫水裡，用濕的裹脚布纏。女兒們大哭，因為實在太痛。哭聲使她們正在花園休息的父親心煩。他坐在那兒，身子向前傾，吐口痰，開始罵人，說「妳們這些賤人的女兒，幹嗎不去死？」

雖然話是對著孩子們說的，但他太太知道指的是她。我在旁邊一間屋子裡篩麵粉——但窗子敞開，我看得到。即使到現在，我都可以看見她走路的樣子，她踏著輕巧的小碎步，因為三寸金蓮走起來總是這樣。她從房間裡走出來，手上捧著洗脚的水盆，我想她是想倒掉，所以伸手去接，但她根本不理我。她捧到他面前，然後對他說，「你說家裡有賤女人，你要他們去死。」

說完就把那盆水倒在他脚跟前，嘩啦一聲，水花四濺，裹脚的布條到處亂飛。裹脚布男人是不該看的。

這個光景真好笑。我們全都想笑，卻又不敢。主人氣得要命，臉都紅到脖子上。如果他們是普通人，一定會打起來。但是因為他是官大人，因為我們這麼多人在場，他不敢打她，也不敢怒罵她。但他氣得忍無可忍，他便跳起來，抓住一條鞭子，猛打家裡的狗。狗到處逃，雞子被狗一嚇，鵝又被雞子一嚇，結果搞得雞飛狗跳。當時有兩隻狗，二十隻雞，兩隻鵝。狗狂叫，雞咯咯叫，鵝呱呱叫，我們大家笑得又大聲又長久，因為這時候我們可以笑出聲，而不至於傷到任何人的面子。

主人和女主人其實對我們很好。當時我們還年輕，而且常常做事不小心。有些人不愛用年輕傭人，因為他們做起事來不如年紀大些的，但在我們主人家裡，倒有許多年輕僕人。

有一年過年，我們正在做小米粘糕，有半桶小米在鍋子裡蒸。我們已經做了一整天，而且整晚都在趕工想把新年的蜜餞做完。廚子受不了，已經躺在廚房的炕上睡著了。我又累又想睡，頭靠在廚房桌上也睡著了。老潘在煽爐火，她身子靠在磚壁上打瞌睡。每次她醒來看到一根木頭在燒，就塞另一根木頭進去。不久之後，每次她一醒就塞一根木頭，而不去看到底發生了什麼事。

結果廚房炕上的床墊起火了。炕上的毛氈燒出一個大洞，蓆子也是，連棉被也都燒焦了。大鍋裏頭的麵糰全部壞掉，連一小碗可以吃的都沒得。

女主人非常生氣的怒罵我們，破口大罵我們全是一些沒有用處的青年人。主人說：「罷了，罷了。」

要年輕人醒著不睡，可真困難。而我又是一個老愛睡覺的人。工作多苦，要多趕早，我不在乎，但我討厭深夜不睡。

有一天晚上，女主人比平常晚抽鴉片。平時，除非通向院子的門鎖緊以後，否則我是不可以上床的，因為除了主人以外，我是唯一能夠提起大門閂把它關起來的人。

這是一根至少有六尺長的桿子，橫跨兩扇門，每個人都進來準備上床，這時通往院子的大廳那扇門便用門閂鎖緊。主人夫婦睡大廳東邊的屋子。他們的三個小孩、我女兒和我，睡西邊的裏間。每排房子在大廳兩邊各有兩間房，進出院子只靠大廳這扇門。

有一天晚上，天氣燠熱，坐在我們一起睡的炕上做針線。她看我身子已很疲倦，她自己是可以整夜不睡的，便對我說，「老寧，躺下來先睡吧。大家上床以後，我會叫醒妳去閂門。」所以我就脫掉上衣——那時天氣很熱，只穿褲子便躺下來。我的主人心地極好。當大家準備上床時，他自己把門閂上。鎖門的雜聲把我吵醒，我人跳了起來，嘴裡說著我得去鎖門。我睡意未消，茫茫然。我從床上跳下來，像往常早晨起身後一樣，脫下褲子把跳蚤抖掉，手上提著褲子就要出去鎖門。年輕女主人一把抓住我說，「老寧，這個樣子妳要上那兒去？醒醒吧。」就這樣她救了我一次，否則我豈不是要光著身子跑到主人面前。等我完全清醒以後，得知剛才發生的事，我們大笑了一陣子。

我跟隨他們的那幾年，碰上大兒子的婚禮，我是前去迎接新娘過門的婦人之一。總共有四張椅子，一個給新郎、一個給新娘，一個給去接新娘的娘姨(女監護)，一個給陪送新娘的娘姨，兩個娘姨坐在隨後由驢子拉的板車上，我是其中之一。

新郎佩帶由腰到肩的紅肩帶進入新娘房間，出來時多了一條由腰到另一個肩的肩帶，我們就帶著新娘入門。新娘的父親曾任知縣，他的太太打死了一名丫頭，他因此丟官回老家，他很窮，但也不願把女兒嫁給普通人家，而有錢人又看不上她。所以他只好把女兒嫁給我主人的兒子。在平常的情形下，我的主人不過是個中級軍官，是無法為他兒子娶得一個知縣的千金。

新娘被帶進洞房放到炕上以後，她上轎的衣服便脫掉，穿上她自己的漂亮衣服，這時她小心而正確地坐在床上，隨後所有大小官員就進去「鬧洞房」。這些人雖然是官員和文人，但鬧起來跟常人沒有兩樣。他們逗新娘，從中取樂，鬧了大約一兩個小時。

到了晚上，住在偏房的下人們，則做「聽房」的事。老人家說，第一天晚上一定要有人聽房，如不這樣做，鬼怪會來做。聽房應該由平輩的人，比如兄弟或堂兄弟等來做。由於新郎在蓬萊沒什麼親戚，所以才由我們做。我們三個女傭人，偷偷跑到新娘房間的窗戶外，去偷聽他們彼此說些什麼，如果可能的話，也偷看他們。老潘的脚跟男人一般大，她怕作出聲，所以她把脚高高抬起，一步一步的踏下去，這個模樣令我忍不住笑出聲，我很容易發笑，於是把袖子塞到嘴巴，免得笑出來，但喘氣和嗤嗤的聲音卻仍不斷。我們為了保持安靜而弄出這麼多聲音，當然聽不到裏頭在幹些什麼。但糊窗紙卻被我們弄成一條一條，我們戳的洞什麼也看不到。

這個年輕的少奶奶，極為享受。她躺在厚厚的墊子上，成天吸鴉片。入門以前，她就養成抽鴉片的習慣，她的丈夫，我們的少主人，也是一樣。那時候，人人多少都抽些鴉片，但少奶奶比常人抽得還兇。她躺在那兒讓我們等她，常常要等很久。什麼好東西，她應有盡有。過了幾年以後，老主人年事太高無法再當官，於是回到家鄉，少主人也隨著將軍到南方，她的鴉片用量更大。跟別的尋常女人家一樣，她也是到街上買鴉片。她為了抽鴉片，把兩個兒子送出去做工，老主人聽到這種情形，曾經派人來叫她回家鄉。後來情形怎麼樣，我就不知道了。

那次婚禮真是盛大空前。城裡所有的官員全都出席，人人穿上錦繡官袍，婚禮行列在街上浩浩蕩蕩，每個官員都有一片銅鑼在前面開道，號聲震天價響，旗幟飛揚，每一個轎子前面都有大傘，官太太也一樣，這種光景可真壯觀。

有一天，他們為了我而大打一場。少主人叫我「滾蛋」，這是令人無法忍受的侮辱。他說我是壞蛋，所以我應該滾。老主人為我辯護，他門問道，為什麼我是壞蛋而必須滾呢？老主人、少主人、太太、少奶奶大家打作一場。打了一整夜。老主人甚至不敢進裏間去睡，那天晚上他在外邊的院子睡。他們把話都說絕了。中國人就是這個樣子，如果一件事情大家把話都說絕了，那就什麼也不保留了。我還是待下去，但他們對我的臉色並沒有改變，他們和從前一樣的對待我。

事情是這麼起頭的。少主人喜歡玩妓女，而少奶奶全不在乎，甚至還鼓勵他這麼做。有一天他邀了一個妓女到裡邊的院子盪秋千。我在太太房間，我跟她說，「到窗口來，妳看，春花正在盪秋千。」太太叫春花進屋子來。太太房間有炕和幾把椅子，但她卻指著板凳說，「坐那兒」。春花坐下。隔了好一段時間，少奶奶叫春花坐到一張椅子上。那是我侍候茶水的地方，但太太沒叫我做，所以我也就沒有奉茶。於是少主人自己奉茶給每一個人，連春花在內。隨後，按照喝茶前的規矩，春花請屋裡每一個人用茶。她依序請太太、少奶奶、少主人用茶。她一定也請了我用茶，少主人突然之間大發脾氣，「我們家的女傭可真高級。他們不可以接受客人所請用的茶。」我沒有看到她對我奉茶，因為我沒有料到她會這樣，所以也就沒有看著她。其實少主人只是利用我做個藉口，以對抗繼母。但我可就為難了。

太太倒是說對了，她常說我脾氣壞。我在那兒已有四、五年，她待我非常好。我永遠不會忘記，滿子長天花時太太對她的照顧。但被人家責罵多次，我是向來無法忍受的。罵我一次兩次，也就算了，但罵太多次，那可不行。我嘴巴很硬，但總是有個分寸。有一天太太非常生氣而責罵我，我便罵回去。

我說，「妳是太太，夫人。而我只是傭人。我沒本錢跟妳比。」這更是觸怒她，於是我跟她吵了起來。

我說，「讓我們把帳算清楚。」然後我問她，妳是不是已經找到人，要攆我走。

她說，「如果妳有個好地方去，那就去吧。」

「如果找不到好地方，我就去討飯。」於是我便離開了。

我是五月走的。八月我又回來，主人看到我。

「妳還好吧。」

「老樣子。」

「回來好了，我給妳加錢。我們給的錢不夠讓妳買衣服。」所以我就回來了，他給我一年四千錢。一般是六千錢，但我拖了個小孩。

因此，我又待了一年多。女主人還是照常罵我，而我也照常不讓她罵。

她說，「我會派人找妳丈夫來談談，看他能不能教訓教訓妳。」

「我們之間的買賣可是跟我而不是跟他談的。」我說。她知道他是個鴉片鬼，這樣一講使她更加生氣。於是她又說我真硬嘴巴。

「如果妳走，就不要再回來了。」

「如果我走出了這個大門，我就再也不會踏進來。」

我所存的錢共有四寸長，大約兩百錢一串。但我有孩子，心裡也平安。於是我就走了。

我到姊姊那兒，但她也窮，無法留我太久。於是我回自己家，我那丈夫惡習難改。不抽鴉片的時候，他就做籃子賣。有時在家，有時不見人影。有時我有工作做，有時去乞討。我能怎樣呢？

九、日本人來了 1895

我和女主人吵架是在九月，那是光緒二十年。同年十二月，我到守備衙門去幫忙做過年的各項準備工作。他們需要添加人手來做年節的事情。我所以把日子記得這麼清楚，因為那一天，照風俗，每一家人都在自己家裡燒灶神。灶君掛在爐灶上面的牆壁，過去一年都做了些什麼，全被他看在眼裡。我第一件事就是準備甜漿糊，往他嘴巴塗，所以他到天老爺和判官面前時，只挑家裡的好事說。

這家人姓尹。家裡有一個大太太、二太太和一個媳婦，有兩個兒子，兩個太太各生一個。其中一個兒子與省城人家訂親，但這家人卻不派人去迎娶。最後，女方家庭只好推著板車把她送到蓬萊交給尹家。尹家待她有如女傭，不讓她跟兒子成親。他們對外人說，一直找不到吉日良辰好完婚。後來這個女的懷孕，這時才草草結婚，把女的藏起來，他們不願丟面子。嬰兒出生以後，他們不肯認，反而送給人家。

我跟這家人在一起的時候，日本人來了。他們是在那一年的最後一天來的。

他們從港外停泊的軍艦上發炮。我們首次聽到炮聲那一天，我記得非常清楚。那年冬天地上積雪很深，有三尺深。每天早上我到衙門去辦過年的事，晚上回家。當時有一個裁縫在為太太做衣服。外邊的男人是不許進入內院的，不過做衣服最好是在她的督導下剪裁，比較方便，所以他才進入內院的大廳。我在大廳做事，裁縫對我說，「正午過了許久，妳在這衙門不吃東西的嗎？」

我告訴他，和別的衙門一樣，我們一天只吃兩頓，而不像在自己家裡一天吃三頓。上面的人只要覺得餓，隨時有午飯吃，而我們如果餓了，可以自己去取饅頭食用。我們總是夠吃的。我們正在談的當兒，恰好看到廚子走到二進門，即進入女眷所住房間的門，一隻手捧一碗飯，另一隻手上則是一碟肉，這是給廚子吃的。就在那一刻，我們聽到大炮轟然一聲，也聽到彈片飛過我們頭上，「嗡，嗡，克拉，克拉」。

廚子把吃的放下馬上開步跑。裁縫不等片刻，丟下尺和剪刀跑了。我跟太太說，我得回家去看看孩子，她說去罷。然後奶媽說，「那我呢？」

太太卻說，她得留下。「妳照顧著我兒子，怎能走呢？」

男人四處跑，大叫「上馬鞍。」

守備衙門靠近鼓樓，鼓樓位於貫穿北門和南門的大街上。全城的人似乎都往南門跑，以逃開北邊海上的大炮。纏著小脚的女孩—從未上街的剛入門的新娘，全都踏著深雪在跋涉，一邊走一邊大聲的哭叫。當時正是年關，一年當中最後一次大做買賣的時候。街上充滿市販。這時他們把貨物收起來放進籃子裡，一心只想快點牽著驢馬逃開。街上全是各色各樣吃的東西，但沒有人停下來去拿。大家向南跑，我卻向北走，因為我家在北門內。這一段路可真難走，我被人撞倒，又爬起來掙扎著向前行。

我回到家，發現滿子哭得眼皮比平常兩倍大。她哭叫著，「媽媽沒回來，媽媽沒回來。」我把她抱入懷裏。要死要活，都在一塊。她父親也回來了。他到外頭想賣籃子，但發現店門都被封，只好把這些籃子又帶回家。

我帶著孩子回到衙門。女主人已經到市內某家民宅避難去了。主人拿了一些米、麵粉、肉和蔬菜放進籃子給我，這樣我們一家人新年才有東西吃。他也給了我一些錢。於是我又回家。在回家的路，我看到傳教士朋斯先生住家的屋頂上，有一面白色的旗子飄揚。

人人都說兵艦已經走了，再也不會發砲了。我回到家裡，開始準備新年的食物。我做餃子，準備除夕夜吃。蓬萊地方的風俗，人們在新年清早打五更時，便起身再吃餃子，迎接新年。我把昨晚煮的餃子熱好，拿來吃了。然後我便取出紙牌，算算看今年運道如何，每年我都這麼做。

「嗡，嗡，克拉，克拉，」我們又聽到這個聲音。

「一定又在發砲，」我對住同一個院子的鄰居說。

「喔，今天是新年。總有人放鞭砲。」

「誰會這樣笨，在這時節放鞭砲？」我說。我走到院子，看到替外國人做菜的老韓，站在他家二樓上—手拿望遠鏡。

「你在看什麼？」我說。

「看兵艦。又多了三艘。」

「快，快，」我對家人和鄰居們說。「我們往北城牆下的屋子跑。」北城牆下有幾間泥屋，我想厚厚的城牆可以護住我們，不被砲彈打中。於是我牽著滿子，開始走向那邊。「走罷，妹子」我對鄰居說，但她剛把餃子放進滾水，所以請我等餃子煮好以後再走。我們吃了一些餃子，但並不好吃，鄰居一路哭訴，「一年就只這麼一次可以吃到餃子，現在卻不能吃。」

然後，我用手拖著滿子，走過大雪覆蓋的田地。滿子當時已纏脚，走路會痛。她哭著說再也走不下去，但我和鄰居拖著她走。

路上我們遇到朋斯先生，他手拿望遠鏡，正要去城牆上看兵艦。就在那時，一顆大砲彈從我們頭上飛過，朋斯跑回他家，他們告訴我，他帶著鋸子和斧頭，隨著家人進入他家的地窖。

我們到城牆下的屋子，人多得不得了，連坐的地方都沒有，人擠人。突然聽到有人大叫，某人性命不保。有一個老太婆跳井，她兒子與媳婦逃了，留下她一個人，只好跳井。為了把她從井底弄出來，大家著實忙了一陣。後來我們見她全身濕透，可能會凍死，所以便替她換上乾衣服，在炕下生火取暖，不久她就活了過來。後來聽說兵艦走了，大家便又回家。

我們後面的一扇牆被轟垮了。城裏實際的損失不大，但那時沒有人知道日本人只打幾顆砲彈便停。對大家來說，這次是很可怕的一次經驗。人們冒著風雪，向山丘上跑。有的小孩還是在雪坑裡頭出生的，大家凍得要死。

我想，總共加起來大概有七、八個人被殺。日本人沒有登陸。他們只是想嚇嚇我們，因此中國方面會派兵進駐蓬萊，於是日本人便有機會去取威海衛。他們要在蓬萊上陸也頗困難，港口太淺，而且冬天時一覽無遺。當時我們那知道這些。我們怕得要死，砲彈在我們頭上飛，然後打中我們的房子。有一個老婦人坐在炕上被大砲打成兩截。

大家都說正月十五日本人還會再來。我決定到小糟子村待幾天。我有一個遠親住那兒，五代人以前的親戚，她家如果有人死掉，遠得我都不必帶孝。正因為如此，也不便待太久。我叫她老嫂子。過了十五，我便回家了。

現在我沒有工作，主人給我的東西吃完以後，我又得去乞討。我帶著滿子在街頭討飯。我有什麼辦法呢?我努力乞討，設法存兩百錢。我跟我姊姊講，我要去烟台，烟台的工作機會當然多些，但我其實並不想去。我拿了兩百錢，帶著滿子，動身去烟台。那時候，兩百錢夠我們幾天之用。我們走了一整天，卻還沒有出市區，我們只是繞了又繞，因為我不想離開蓬萊。我一邊走一邊乞討，沿途一直哭，就這樣來到守備衙門的大門。每個衙門外邊——都會擺著一些大石頭，給騎馬的人上下之用。我坐在一塊大石頭上，叫滿子進去乞討。

正當我坐在那兒時，衙門內的一個女傭人出來看到我，她問我目前在幹什麼，我很怕丟臉，不敢告訴她是在討飯，所以我就說要去烟台找工作。她問說，為什麼不在本地找呢?我答說帶著一個小孩，在本地不容易找到事。她告訴我稍等一下。她聽說新上任的一位做官人家，家裡需要一名女傭。我說，聽說他們已經找到女傭了。

「不，」她說，「他們本來有一個，但那個女傭聽到鳴禮砲就怕，已經走了。」

那時候，凡是大衙門的主官出門或有貴賓駕到，或是換更，均要鳴槍三響。這位大人是城裡的主要官員之一，貴賓來訪和離開的次數很多。守備衙門的女傭對我說，她幫我打聽一下，叫我明天到同一個地方候消息。

我回到姊姊那兒，她說，「妳怎麼又回來了呢？」

我告訴她怎麼一回事，在她家多待一天。第二天我把滿子交給姊姊，回到衙門前的大石。那位女傭告訴我，他們可以收我，但不能收我的小孩。女主人有幾個小婢女，她怕我的小孩會跟這些小婢女打架。我該怎麼辦？我想去，但又要孩子跟著我。他們不讓我晚上回家，我在守備衙門短期待的那段時間，晚上是可以回家的。我說我先做三天，看情形怎麼樣。

十、與回回同住 1895—1897

我去新主人那兒。這是一家豪門，他是臬台（法院院長），姓李。他不識字，但卻是蓬萊最高武官鎮台的首要助手。他在沒有當權以前，做過廚子，當過兵，還殺死一名強盜，因此而升官。他有四個太太，其中兩個留在北京附近的老家。第三和第四太太則跟著他。他的家室如此之大，竟有九名廚子，一名木匠和一名裁縫。衙門裏每天吃飯的有兩百多人。他們是回回。每天吃剩的東西全部掃進垃圾桶——肉、海鮮等等，我女兒即使過新年也見不到這些好東西。看到這種浪費的情形，使人痛心不已。

我到的第三天，主持家務的三太太喚我去。

「妳喜不喜歡我們？」她說。

「這不是我喜不喜歡你們，而是你們是不是喜歡我。」

「那妳可以留下來啦？」

「問題不在工作，」我說，「而是在於我的孩子。」

「妳會留下來嗎？」我內心一動。我想留下，但也得有個地方安頓我女兒。後來我又想，「不妨先做一個月，看看她是否會改變心意，讓我小孩來。」

所以我就說，「我會留下。」

轉瞬之間，她嚴厲的態度便改了，回身對其他女傭人說，「快，去拿些小婢女的衣服，拿一套衣服來。拿點纏脚布、鞋子，把這些東西帶去給小孩。過一兩天，帶她來見我。妳現在把她放那兒？」我回說孩子與我姊姊一起。

過了一兩天，我帶女兒來見女主人。那時滿子大約九歲，由於以前在衙門住過，已經懂得一些禮數，因此女主人頗喜歡她，不時派人接她來。滿子一天住我姊姊那邊，一天跟我住衙門。

後來女主人想出一個辦法，使我女兒至少晚上可以與我住一塊。蓬萊地方最高的武官是張鎮台。他是帶紅翎的一品官，所管的地方占了全省的一大半。年輕時，他也是出身低微。在劉將軍手下當過小兵，一步一步爬升。劉將軍把家裡頭的一個婢女許配給他。但他駐紮蓬萊時，這名婢女出身的太太已過世。他第二個太太很年輕，甚至比第一個太太在世時納的妾都還年輕。

他的母親，張老太太，有兩個男人。她和第二個男人並未成親。他是山西人，他們家還沒有發跡以前的一段困苦日子，曾靠他來支持。他們沒有結婚，只是決定同居一起。張鎮台與劉將軍府上的婢女成婚時，這個新夫人對婆婆的情形不以為然。張回家以後，就給這個山西人幾百兩銀子，請他走。但老太太不肯。所以山西人便偷偷地來。有一天被老太太的兒子逮住了，他拿著一口劍威脅他，此後就不再來了。

他們住蓬萊時，最愛指責人家德行的，就是這位老夫人。我們都叫她「老回頭」。她有一個丈夫，卻要背叛他。

她最難伺候。只要她醒著，兩個媳婦都得隨侍在旁。只有等她睡著了，她們才能走開去休息。

她有六名婢女。她喜歡小孩子打扮得漂漂亮亮，臉上塗彩，在她身邊玩耍。

張老太太真難服侍。她休息時，一個女傭先鋪好棉被，膝蓋部分要放枕頭，另外兩個女傭把脚抬起來放到木架子上。

各種遊樂她都喜歡。做壽那天，鞭炮響個不停，整天都有節目，我們都去看戲享樂。

女主人對我說，「張老太太年紀大了，很孤單。她喜歡身邊有許多小孩圍繞，喜歡看小孩子們玩。她要妳小孩過去那邊玩。」張老太太的兒子鎮台大人和我的主人李臬台是拜把兄弟，換過帖。他們彼此常見面，兩個衙門來往頻繁。他們的來去場面壯觀，很有看頭。每個人一出門，官轎前後都有馬弁，一片大鑼在前頭開道。

他們慫恿我，讓我孩子到張老太太那邊去。

「那邊不愁吃。她會有好衣服穿，也沒有什麼特別的事要做，就是侍候老太太，跟其他六名小婢女玩耍。」

所以我便讓女兒去。但她每次都哭，不想去。老是想回家跟我在一起。每天有一個司書帶著她去鎮台衙門看老太太，他回來時也把她帶還給我。

有一天，他們走到貫穿市區的河邊，她不肯再往前走。她往回跑，躲在衙門前面的大石座與圍牆之間。鎮台出來了，說，「小孩在那兒？我母親正在找她。」

我們開始找。這家說她已走了，那家說她沒有來。最後我們在大石座與圍牆之間找到她。他們帶她到女主人面前，四太太說，「妳為什麼躲起來呢？」

滿子回說，「我想跟妳。」

四太太笑了。三太太說，「讓她留下來吧。」她一說，大家都高興，因為三太太最當權。他們待我們很好。四太太教滿子讀書和刺繡。

我的女主人和以前敢死衙門的女主人交情很好，常去看她。她們去看她時，我也跟著。我從前的女主人並沒有用奇怪的臉色對我，我說的話，常常令大家笑做一團。

大將軍宋慶來看主人。他從老家前來蓬萊，安排他兒子與王將軍女兒成親的事。王將軍住武定縣，宋將軍得前去那兒娶媳婦。她只十三歲，他兒子才十五歲。雖然女的姿色不差，但卻是個瞎子。那時宋慶將軍大約六、七十歲，蓄著長長的鬍子。

宋慶原是辛家的奴役，他們保有一份賣身契，他本人及其眷屬均為辛家產業。辛家原是非常有錢的官宦人家，後來錢財散失，宋慶便脫身而自立門戶。他先在烟台的飯館子當跑堂，這間飯館替西丘上的水師學堂做外燴。那時他們常常舉行夜宴，請倡優來唱戲。別的跑堂沒有一個敢這麼晚送菜過去，因為這條路要穿過老城門底，那邊有許多毒蛇。但宋慶不怕。

一天晚上，他正穿過城門底，看到一名年輕女子徘徊，他心裏想，「一定是那一家的年輕太太或媳婦，因為不堪虐待，而想在此自盡。」

那頭危石累卵，崖岸頗高。

「這多可憐。我來說說看，設法救她。」所以他喊道，「妹子，妹子，這麼晚了，妳要上那兒？」

這名女子向牆後縮身，而且說，「將軍，我不是一名女子。你離我遠些，從旁繞過，離開我。」

因此他就從旁走過離開了她。但她卻稱他是「將軍」，她非但沒有害他，反而把他的命運給指了出來。那時他已年過三十，所以他便離開飯館子，加入軍隊，變成伙伕。

人的命運就是這樣。那時正是太平天國作亂，長毛賊遍佈各地。有一天來了一項警告，「長毛賊準備攻城。」

宋慶正在做飯。他把闊嘴鐵鍋裡頭的稀飯倒掉，提鍋上馬，用熱鍋子猛打馬屁股，馬挨了鐵鍋的熱氣，大嘶狂奔，宋慶直奔叛軍陣營，對方看到這麼奇怪的模樣，怕了起來說，「這是什麼怪物？」所以他們便逃開而被沖散了。

宋慶後來變成一位偉大的將軍。他跟日本人打。後來皇上賜他爵位，封為鎮北將軍。皇帝賜他佩帶龍鳳勳表，平常只有皇帝的家人才可以佩帶。也賜他封棺時可以用金鏟銀鋤，有如皇族一般。

多年以後，他已經是上將軍了。他回到李家瓦村的老家去看辛夫人。門房問來客是誰，他答說，「宋大將軍」。夫人傳出話來說不認得，他只好走開。不久他又回來，報說他名叫宋慶，於是她便視其為奴役而接見了他。他帶了一小包黃金當茶資，對女主人略表崇敬之意。後來他贖回賣身契，花了多少錢我不知道，老一輩的人從來沒有向我提過。

宋慶有三個太太。年輕時娶的第一個太太，是個平凡的婦道人家，雀斑滿面。她原來在路旁替人做衣服，自己身上穿的卻破破爛爛。但人有了錢就不一樣，後來她看起來還挺像個樣子。可惜早死，又沒有子嗣。後來他納了一個婢女，這個婢女替他生了一個兒子。因此這個婢女就升格為大太太，於是變得自以為了不起，很難合住一道，宋將軍只好把她送回蓬萊老家，照顧家產，養育兒子。他另外娶個太太，隨著他生活。由於他極受寵重，連慈禧太后都喜歡他的新太太，把她叫進宮去服侍太后。

宋慶去世，這個太太扶棺歸故里蓬萊。沿路不進食，因為她說，「我沒兒沒女。我要跟著主公進墳，好像我活著的時候追隨他一樣。不必苟且偷生。」家鄉的太太懇求她，「妹子，吃點東西。留下來陪我，一起養育這個兒子。」但她不肯。她知道，同一個屋頂下住著兩個女人，只有痛苦。何況兒子又不是她的。她對生者既然已無義務，則她的義務是追隨已死的主公。返回蓬萊一個月後，她也死了。

這回葬禮極為盛大，有如皇族葬禮。一共有兩部靈柩，前頭是他，後頭是她。為了追念她生死不渝的追隨主人，因此在蓬萊往烟台的路上立了一個石牌坊，路過的人大家都會看到牌坊上刻的字，頌揚她的貞烈。

這個兒子後來成人，但不到三十歲就死了。他染上天花，在身子尚未復元之前，他就去新納的妾那兒，不到幾個月，便因精力耗損過多而死。

宋家有一個七歲的小孫子。這個孫子也被慣壞了，沒有人敢對他說一個不字。要什麼，給什麼。想說什麼，便說什麼。某次有一隻麻雀死掉，他為這隻麻雀訂了一副上好棺木，要婢女、僕婦穿麻帶孝，還要她們「娘呀，娘呀」地哭叫著，如此這般地把它埋了。

宋將軍為自己準備的第一個墓穴，剛巧通上好地脈，所以他才能步步高升，而且他第一個太太的棺槨也被綿密的樹根草叢包得好好的。這是一塊好風水，但他還希望後代子孫更加興旺。他計劃自己百年以後葬在龍丘，希望後世兒孫得乘龍之勢。但相反的，其後家道却衰弱了。

宋慶死的時候，滿子已經結婚，我在做小販。義和團作亂，慈禧太后為了避開外國人逃往西安，太后從西安回北京以後，宋慶才去世。

我的主人是個回回，他的太太們也是。他們有許多風俗跟我們不一樣。他們當中有人去外頭，他就不乾淨了，回家以後，必須洗手嗽口來淨身。每七天有一天是特別的日子。

他們當中有人死掉，便把全身浸水，除了從娘胎帶來的眉毛和頭髮而外，其他的毛一律剃掉。如果是一個纏足的婦女，脚趾必須拉直，脚掌張開，和天足一樣。每個人要照生出來的模樣回到墳墓。然後拿白布包裹屍體，男人抬男人，女人抬女人。誦可蘭經，焚香。我在他們家的時候，並沒有人死亡，但他們告訴我這些事情。

每年春天，他們禁食四十天。在日出之前，他們飽吃一頓，直到日落，就再也不吃不喝。他們不吃豬肉，只吃羊肉，由他們自己的大廚宰羊。他戴一頂高帽子，對著刀子口中唸唸有詞——我猜是一些符咒——然後一刀刺進羊身。

有一天，我和太太們一道坐，三太太的婢女秋菊跑了進來。四太太的婢女叫春花。秋菊說，「鍋裏的油滾了。」

太太說，「他進油沒？」那個小婢說他進了。

我聽人家講過外國教的一些野蠻事體，也親眼看過一些。我心裏想，「他們真把那個老頭子丟進滾油裡頭？」

所以我就偷溜出去，跑回廚房那邊看。我看到那個老廚子，頭戴可笑的黑色高帽，手持寬大的短柄湯匙，在大油鍋旁跳來跳去。原來他是用厚油在炸糕子兒，他們用糕子兒祭拜，也拿來當做送禮之用。除非他們先把糕子兒弄破，否則我們這些教外的人是不讓吃的。他是用一種特別的法子做糕子兒。太太說「他進油沒？」這句話意思是「他把糕子兒放進油裏沒有？」我不禁朝自己大笑一陣。

我在李家日子挺輕鬆。我的工作不重，又有許多吃的東西。我如果說我的命真苦，我是常常這樣歎氣，三太太就駁道：

「妳沒來跟我們住一道嗎？有錢人靠天，窮人靠有錢人，可不是嗎？」

主人去省城見總督，為期一月。他把官印帶在身邊。我們都知道，官印是大有來頭的東西。官印一封，該留在那兒的就得留在那兒。官印一不在，許多牛鬼蛇神就會亂搞。

有一天，太太們去散步。她們穿過庭院，進入小巷向南行，到關公廟去。關公不是女人生的，從來沒有穿過紅門。

這家屋宅規矩很嚴。只到第二進門，此後不准男人入內。太太要什麼，她會告訴我們之中的一個，我們到第二進門去叫廚子或僕役等，告訴他們太太要什麼。三太太說，「裁縫人已老了，就讓他在這兒，聽我的吩咐，替我裁剪新衣服。」

裁縫喚來了。我們把兩張方桌併在一起，上頭蓋上一條毯子。他就坐那兒，照三太太的吩咐裁衣服。他是住在衙門的裁縫，一向替太太們做衣服。四太太進去裏間沐浴。他們是回回，常常要沐浴。

突然之間，裏間傳來一個喘聲和大叫聲，而且不像是人的聲音。我當時坐那兒看著裁縫做。我們連忙跑到門邊，門鎖著。我們叫門，但沒人應。只有很大而不像人的聲音。那時我年輕力壯，所以我就把門座提起來，大家趕緊進去。這時，男人們也到了，一個老管家和另一位老人。四太太背靠著牆躺在炕上，幸好她穿著褲子，否則全身光光的。脚也沒蓋到。老管家把手放她嘴巴，問道，「怎麼回事？」他是老傭人了，所以敢這麼做。

她大聲說道，「我是關公。」

「妳要什麼？」我們一齊大聲叫。

「我要一把劍。」她大聲說。

「好，好，」我們答道，「我們去取一把給妳。」但她仍然用那奇怪的聲音吼叫。

「我要花砲，」他們也答應她，以為她身子內的神想要外頭刻有龍紋的砲。但她非常生氣，我們知道我們沒把話聽清楚。原來她要的是繡花袍，或者說是神要的。這個當然也答應她了。廟裏的簾子也答應給她。

但她仍然不停地吼叫。老管家又問，「妳幹麼這麼叫呢？」

她答道，「三太太老是唸三國演義，裡頭的英雄說她太熟悉他們了。」

我們都知道兩位太太花很多時間讀三國演義，這部講關公和劉備的書。於是大家分頭去找那部書。我們想，神要他的書。我們找到幾部，但她仍然吼叫，於是大家再找，靠牆桌子裡邊的抽屜又有一部。我們也把這部拿來了，但她還是吼叫。

最後那位老人帶來一名乩童，他可以跟靈魂鬼怪說話。他向附在四太太身上的神燒香、燒紙錢。終於，他把神一步一步地請出屋子，穿過庭院，走進小巷，回到廟裡。四太太這才靜下來，但偶爾還會吼叫一兩聲。

事情過去，一切都安寧以後，有一天我們坐在三太太房間。沒客人時，僕人可以跟太太們一道坐。兩位太太坐在炕上。四太太看書，三太太則把手放到小火盆上取暖。屋子裡有炭火盆，但沒有現在這種煤爐，所以三太太才用小火盆烤手。我坐在炕旁的長椅子。我在做圍巾，這是要給住老家大太太女兒的，做好便送去給她。這時我的頭在點了。

「怎麼回事？老寧。愛睏嗎？」但我說還好。然後我的身子便晃起來。

於是四太太便說，「妳臉色不對。最好回妳房間躺下來，歇會兒。」

但是當我起身要走，人卻整個癱了下來，滑向太太們坐的床上。最後只記得三太太說，「妳是想躺到我床上，是吧！」其他全不記得，都是他們告訴我的。

三太太怕得不得了，從床上跳下來，穿著襪子在房間走來走去。「妳們怎麼全都故意要嚇我？先是四太太，現在是妳。」

小孩子們，那些小婢女和我女兒，開始哭了，「娘，娘，妳死了嗎？」「阿姨，阿姨，妳死了嗎?」小婢女們叫我阿姨。聲音吵得很，所以男僕也進來看看。那位老人把我提起來讓我坐著，把我的頭放在兩膝之間，然後喊我名字。他們說，過了很長一段時間，終於把我叫了回來。

我在陰間到底發生了什麼事，我完全不記得。但回到陽間來，有一個吼叫聲，使人非常不舒服。然後我便大吐，吐完人馬上就好了。廚子跑出去抓幾把灰掩蓋我吐出來的東西，我從他手上搶過掃帚，我覺得人好過來了，精神恢復，自己可以掃掉。他們送我回房，第二天我又回復老樣子。

三太太很氣我，說我給了她一頓驚嚇。

我一生中死過三次。沒有一次曾在陰曹地府看到什麼，所以我不知道自己是上天堂還是下地獄。我耳朵突然一振，轟然一響，然後再一響，什麼東西全是灰灰的。我第一次死掉，是要去義粥站的路上。滿子滑進地窖，我推不開門進去。忽然之間我覺得非常怪。牆上長有許多雜草，我緊抓草，但拖不住我身子，於是人往地下墜。我不知道是怎麼回事，但人家事後告訴我。當時起了一陣騷動。

「死人啦，死人啦。」

他們說，「這可不是某某嗎?」「這是某人嗎?」

有人把我女兒從地窖裡叫出來，她哭著喊叫，「娘，娘死了。」

義粥站的人把我拉起來讓身子轉過去，喊叫我，要把我的魂給拉回來。過了一陣子，我活了過來，進去取碗粥喝。好像也沒有什麼地方不對，我覺得跟從前沒有兩樣。

我第二次死掉就是這一次，跟臬台大人同住的時候。

我的主人身材高大，長得很好。肩膀寬，鼻子大，眼睛兇光四露，我們都怕他。他把眉毛和鬍子染黑，晚上見到他，尤其兇得怕人。我們怕他怕到他一下令，我們人都軟軟的，講話結結巴巴。三太太這時就很氣我們，說「你們全都是結巴子？沒人把話講得清楚？」但主人用他那兇猛的大眼睛看我們時，我們真是怕他，怕會說錯話惹他生氣。

三太太從前也是婢女，但卻為主人生了兩個兒子，這使她地位不同。不過她兩個兒子跟大太太住在老家。照當時的習俗，這兩個兒子屬於大太太，算是她的，由她養育。

四太太則是從公門來的。以前是妓女，所以沒有子女。把主人的官袍、勳表保管好，他要外出時替他著裝，這是四太太的責任。一名大官人穿上官袍，要做的事兒可多了。袍服的褶層必須一層一層安排好，勳章和綬帶必須繫好，有些還得從後頭繫。串珠必須正確地繞頸而掛。四太太外出，我們就替主人做這些。

三太太和四太太彼此之間互相妒嫉。主人到三太太房間，四太太就不高興；主人到四太太房間，三太太便不高興。其他時間，她們倒是很不錯的朋友。

三太太和四太太如有爭吵，總是為了主人。她們的房間全在大廳旁，三太太在東廂，四太太在西廂。他十天——或許是五天吧——住這邊，另外的十天住那邊。過了一兩夜，他不去的那一位太太總是生氣。她見我拿尿壺進來，「拿到那間房去，這邊不稀罕。」

她們不高興的時候，還利用我當做爭吵的藉口。三太太會說，「是我雇妳的，妳得聽我的話。她使喚妳，妳別聽她的。」

我便回說，「這怎麼對呢。妳喚我來，我便來。她喚我去，而我恰好也沒啥事，我應該去才對。」三太太一聽臉就紅。她原是婢女出身，而我則是正當人家出身的。

兩位太太一吵，這個對主人說一套，那個對主人說另一套。有一天，四太太正替主人著裝，兩位太太剛吵過不久，他對四太太說，「現在去賠個不是。」

四太太一跺脚說她不肯，隨即進她房間，把房門砰的一關。

三太太也進她房間，房門也砰的一關。

主人坐在大廳的桌子，坐了一會兒，他說，「老寧，傳令下去，我這就要出門拜客了。」

於是我走向第二進門，傳令說主人就要出門。主人正式出門拜客，必須先鳴砲，然後官轎送來，馬弁及馬匹也得帶來。

主人走了以後，我到主人的頭號師爺太太那兒，他們也是回回，我請她去給兩位太太說和。她整天待那兒，談呀講的，我們說了一整天，最後總算和好如初。

主人返家，還沒進入院子，我為他開第二進門，他問道，「和好沒有？」我說師爺太太和我已經使兩位太太和好了。

我奉上一杯茶，他說，「一屋難容二女。這些事體可別給我傳出去。」

他是一個守原則的人。他常說，「凡事過分就不對。喝酒可以，但別醉。行房可以，但別過度。只有抽鴉片過多的人，才無法控制自己。」

他也很愛找樂子。沒有別的客人在，他會關起第二進門，把我們全都叫進去。他會說，「來吧，我們大家唱唱。」於是男僕女傭以及家人們全都到齊，大家一起唱，一起奏樂。

但他的腿不行，那是打仗時受傷的。後來主人升官，必須調往別的城市，由於腿不行，所以考慮退休。他的膝蓋經常發痛。他們要我跟著去，我說我沒有辦法跟去。他們住另外一省，我無法離開家鄉這麼遠。於是女主人便把我介紹給她所有的朋友，請他們替我想個法子，找個事做，因為我沒有父母來替我設想，來幫助我。我的女主人真是一個有良心的人。她為那些服侍她的人盡了責任，為他們打算和安排，不讓他們餓肚皮。

後來我的女主人想到一個上了年紀的小販劉媽，叫她來請她當我的乾媽。這樣我才有個商量的人，挨餓時有個地方去。劉媽當著女主人的面認我做乾女兒，女主人告訴她替我找個差事。劉媽在各個衙門走動，賣東西給那些官家太太們。

我主人的母親嫁過兩次，都嫁給姓李的。一共生了五個兒子，個個都做不小的官。有兩個官階最高，戴的是紅翎，其中一個就是我的主人。另外兩個戴藍翎的在濟南府，追隨總督。第三個兒子戴白翎，住烟台。主人離開蓬萊時，這位三爺來送他們，並且對我說，如果我需要工作，可以到烟台找他，他會給我一份工作。他在烟台有一間戲院，賺不少錢。

當我打理好自己的東西，正式離開，他們全都傷心地看我離去。分手時，他們全哭了。他們上車就要動身時，三太太對我說，「老寧，妳還年輕，還有時間改變自己。妳是個好女人，工作認真，心地又好。妳只有一個缺點，脾氣太壞。人家講妳幾句，妳就受不了。別人可也是人呀！妳一定要學到去看人家的眼色，好好管住妳的嘴巴。」

女主人離開了，我去楊家。他是一名武官，信回回教，我的女主人請他們照顧我。我在那兒待了十幾二十天。楊太太說，「我們家給妳和孩子吃的，但無法給妳錢。」她已經有兩名女僕，我無事可做，我要找事情做，一看全是她們的，如果我去做的話，會搶了人家的飯碗。多出來的針線工作也很少，因此我變得坐立不安。我說我一定要去烟台找三大爺。但他們勸我留在蓬萊，所以我便去找乾媽，她在一同知家裡給我找了一個位置，我可以帶著小孩同去。

我把孩子暫時放楊太太那兒，自己過去同知家裡看看。

這位同知年紀已老，乾乾小小的一個人，留著稀疏的鬍子，口齒不清。他太太年紀也大，而且吸鴉片。他們不重視外表，所賺的錢全給抽鴉片抽掉了。少主人是個兎崽子，走起路來裝模作樣，搖來搖去像個姑娘。他經常跟戲子、男扮女裝的人混在一起，不太理睬家眷。少奶奶穿的衣服比我更破更髒。她穿的一件短棉襖，後頭跟褲子不接，露出一截背。她有什麼東西可以使自己穿得體面呢？

我下午到了那邊，他們家一共有六個女傭，我們全部坐在桌旁，所吃的是三級粗米和菜湯，完全沒有規矩，人人搶吃自己的一份，根本不夠我吃。

隨後他們指給我看女傭們睡的大房間，六個人睡一張床。我跟別人一樣攤開舖蓋，躺下來睡。她們常要翻身，每次翻身床就晃動。忽然，我的頸子被咬了一下，隨手一抓便抓到一隻大蝨子。蝨子整晚咬人。後來我起身開始工作，不久便到了中午，我人餓得很，卻仍不開飯。原來一天只開兩頓飯，第一頓要等老太太起床才開飯，而她那時還在睡她的鴉片覺。女傭每個人都偷藏一碗飯在屋裡，餓了就取出來吃，我以前沒有這個經驗。老爺起來了，但老太太還沒起來。

我去少奶奶那兒，跟她說我忘了一些東西在乾媽那邊，非回去不可。她要我等會兒，吃過早餐再走，我說我會在乾媽家吃。她說最好等老太太起來。但她是鴉片鬼，拿不準什麼時候才會起身。於是少奶奶把我帶到老爺那兒。

「妳想走？」

「我把一些重要的東西留在乾媽家，非去拿不可。」大男人怎能問女人家她留下什麼重要東西呢？所以他只好讓我走。

我回乾媽家，對她說，「那個地方我待不下去。到現在，我還沒吃任何東西呢？我一天三餐已成習慣。工作苦我不怕，但我怕餓，何況小孩如何能夠忍受呢？她可不能等到現在才吃呀！在以前的主人那兒，我們餓了就吃。」當時乾媽正在吃飯，她叫我和她一道吃。吃完以後，她就出去設法替我找個差事，但我說我想去烟台找三爺。

我雇了驢子，東西打點好，正要上路，乾媽跑來說替我另外找了一個差事，這次是到知縣的助手書辦家裡。楊太太和我所有的朋友都勸我留下。所以我就去了錢老爺家。

他們也是一天兩頓。兩頓均交由廚子打理，開飯的時間你不在，那就沒得吃，東西會被拿走。他們要我清尿桶，他們是南方人。以前我沒有倒過尿桶，也不喜歡這件差事。以前我幹活的都是北方人，他們使用放在院子角或屋子背的尿壺，北方人都這樣。我女兒正在長，她怎麼能過一天兩頓又沒有點心的日子呢？於是我又回乾媽那兒，我對她說還是到烟台找三爺。在他家，或他朋友家，總可以找到一個差事。但大家都勸我留下。楊太太見我心意已定，就叫她兒子安排我走水路去。

以前我工作過的太太們那兒，我一一去道別，說我就走了。她們每個都叫我留下。她們說，「妳的親戚朋友全在這兒。烟台的人妳一個都不認得，妳怎麼敢確定他們會好好待妳呢？跟著我們留下來吧。」

我到敢死衙門劉太太那兒，她說，「老寧，妳總是頑固得很。來吧，我們喝杯分手酒，孩子留下，我來替妳照顧。」

我的東西都包好了，準備動身，這時我想起來滿子有一雙鞋留在縣書辦那邊，於是我到他家去取鞋子。我一進門，他們全都圍住我說，「妳上那兒去了？我們不知道楊大人住那裡，所以找不到妳。我們到處找，女主人派我們出去找妳。」

我去裡面見女主人，她對我說，「妳到那兒去了？妳走後替妳的女傭走了，我要妳回來做。同時我也將廚子的事重新安排。他對你們太苛，桌子清得太快。他現在只做肉和菜。我叫另外一個小男生煮飯。香噴噴的米飯留給小孩子，也可以用油炒飯給小孩吃。」

我生性固執，我說我會跟乾媽商量。但她也勸我留下。

「那邊的工作輕鬆，」乾媽說。「妳只要梳梳太太和她兩個女兒的頭髮，平常就等在桌旁聽吩咐。妳敢說在烟台一定找得到這樣好的差事嗎？妳女兒不是已經大到可以替妳倒尿桶了嗎？」

因此我便留了下來，一待幾乎三年。

十一、在官家做工 1897—1899

我的新主人錢老爺，已經過考試，有資格當知縣。但他是有位無印，這種人叫做「候補知縣」。同時他充任蓬萊知縣的師爺，大部分訟案由他管。他不領薪，但從官司所罰款項中支取費用。他父親當過知府，他們是一個出名的師爺家族。紹興錢家，全國各地都有他們的人當師爺。

這個家族十七代人不分家。在紹興，他們的屋子超過兩百間。每頓飯有兩三百人共餐，銅鑼一打響，全都到齊。他們家族的宅院，隨時為任何一位族人敞開，願意待多久就待多久。族裡的女子結婚，每人可得十元；男子結婚，二十元。不管這個人的家裡是貧是富。

主人自己是很正直而有涵養的。有很長一段時間，他不知道我臉上長有瘡疤。他從來沒有正眼瞧我。他走路時，頭低垂著，不左顧右盼。我到他家一年半，有一天在他面前奉茶，他碰巧抬頭看，我見他吃了一驚。等我離開房間以後，他才說，「老寧臉上長瘡疤？」我們全都笑了。

女主人也是正直而有涵養的女人。她父親當過道台，她是一位很好的女主人。她看到廚子替我們準備的肉不夠吃，便偷塞一些現金給我，說「拿去自己買點吃的。」或者會取出一枚鹹蛋，「拿去煮來吃吃。」

女主人告訴我，有三件事我千萬不可以做。

「妳不可以當媒人，把女人家嫁過去當妾。妳不可以當媒人，去替人家再嫁第二任丈夫。

你不可以信基督教。」

「大廳不是正房。妾不是人。妳不可以壞了人家一生。當人家的妾要吃太多苦頭，完全聽任第一個太太擺佈。

「好馬不配雙鞍。好女不事二夫。對女人家來說，嫁第二次，就是把血氣混雜，這是不對的。

「基督徒教人忠於天，但他們也教人不敬祖墳，這對我們可是大不敬。我們最重要的是要忠於祖宗。」

女主人的話是對的，至少妾這一點是千真萬確的。除非第一個太太死掉，否則沒有不出問題的。

蓬萊有一個女子，是地方長老的女兒，嫁給某一位官員當妾。他用紅轎和正式的婚禮迎娶她，第三天回娘家，他用官傘、儀仗、扈從攜著長矛送她回門，有如正式娶妻一樣。每個人都以為她是很好命的年輕女子，還有人羨慕她呢。

後來他被調差，於是帶著她回南方老家。不久之後，她哥哥到南方去看她，跟對方認親。他到達大門時，門房問他名號以及所為何來。門房出來告訴他，老夫人說，「我們沒有這門親戚。」而他在大門等候的當兒，卻看到妹妹跪在院子裡，當時天空且下著雨。由於她是人家的妾，他哥哥也無可奈何。

我曾在海關稅務司家裡做過幾個月工，主人和太太合起來對付妾。我不知道為什麼他們這樣討厭她。她必須侍候太太，倒茶、添飯、梳頭髮，甚至還得替太太洗腳。

有時人家會問，男人幹麼不替自己帶進門的女子說句公道話。他恥於這麼做。這些事體，男人必得聽太太的。這是面子問題，而他的面子是跟著太太才有面子。道理站在太太一邊，注定了的。

偶爾，妾也會占上風，但為時不久。有一家人娶了一個媳婦，結果非常討人嫌，而且蠢得很。再怎麼調教也沒用。最後老一輩的人說，「簡直無可救藥。來吧，乾脆給餓死算了。」他們將她關進偏房，把門鎖起來，不給吃的。但這個青年人卻替她難過，每天吃飯他長袖裡就偷藏一兩塊饅頭，經過窗口時，從窗櫺間塞進去。他的父母去看她，發現她白白胖胖的，也很安靜，覺得奇怪。他們留心這件事，發現是自己的兒子在餵養她，於是說道，「既然兒子都不嫌她，幹麼我們要這麼恨她呢？」因此把她放了。

這個青年人正準備省試。一天晚上，他夢見一隻老虎撞他前胸。醒來以後頗為高興，覺得萬獸之王碰到他，乃是一個好兆頭。完全清醒之後，發現他妻子的手擱在他胸上，他很生氣地把她的手甩開，而且對家人宣佈說再也不去應試了。他哥哥問道為什麼不去，於是他把做夢等情說了出來，最後說，「等我醒來，發現卻是那個東西的手在我胸上。」

「喔，老弟，」哥哥說，「你非去應試不可。你的命真好。不去乃是把好運白白拋棄。她也許不討人喜歡，但卻是有福份的人。」於是這個青年人便去應試，金榜題名，而且幾乎馬上就被派用。官升得快，差事又好。

他財大權重以後，有一陣子自己娶了兩名妾。他的元配很蠢，不知道如何管她們，甚至不懂得保護自己。這兩個妾對她非常不好，故意餓她。她變得愈來愈瘦。他則忙著公事，身邊又有兩個新娶的妾，完全沒有注意這件事。

有一天，她被別的官家太太請去吃飯，她們問她為什麼這樣瘦。她把麻煩相告，也說出自己無法應付的苦況。

「我們教妳怎麼辦。」別的太太們說。「下次妳丈夫出門，妳便戴上官冕，取官印，坐在判官桌上。」這位太太稱謝不已，連說她自己想都想不出這個法子。

下次等她丈夫一出門，她便戴官冕、提官印、坐判桌。衙門的僚屬問她，「謹聽吩咐。」她說，「把她們帶來。」

兩位妾帶到以後，她說，「給我打。」於是他們打了許多板。

正在打的當兒，丈夫回來了，他只得站在側門，頭低垂，因為官印正在發威，在官印面前，他跟其他人一樣。他問她到底怎麼回事，她便把種種遭遇告訴他。

經過一番安排，這場糾紛總算解決。為了避免日後的麻煩，她丈夫建議她回老家和他的父母過平靜的日子。於是她回老家去，不出三個月，他便丟官，只得辭職返回故里。她固然不討人喜歡，但命運卻給了她福氣。

像這些事體，男人得聽太太的。

因為妾而引起爭吵，男人也不能講什麼大道理，因為道理在妻子那邊。

我在敢死衙門工作的那一陣子，有一天，女主人邀請所有別的官太太們來吃飯。守備司令把太太留在老家，另在本市娶了一個妾。她是一個做豆腐的人的女兒。女主人以為既然太太遠在老家，何妨邀請妾。當同知的太太看到這名妾來的時候，立刻乘轎離去，你可以想像我的女主人覺得有多尷尬。

主人夫婦很溺愛他們的女兒，這幾個女兒一天到晚就想玩樂。每天都要有人說故事，或請盲樂師奏樂，如果沒有別的更好的節目，那麼女小販講講自家的身世也可以。隨便找個理由，都是尋歡作樂的藉口。她們過生日的時候，還得請走江湖賣藝的，或訓練好的熊和猴子來耍把戲。但最受歡迎的當然是唱戲。他們在院子的南端搭一架矮矮的戲台，然後城裡的官宦和有錢人家就會過來看戲。院子裡頭擺些桌子，桌子上放放吃的喝的。女人坐兩邊，男人坐面對戲台的門口。大家穿著悅目的衣服，喝茶吃點心，坐在那兒聽戲。我們一邊伺候他，同時也聽戲。

我的主人所住的這間房子在城北靠近北門的地方。同一條街住了一位窮秀才，這個人考過第一回考試，但沒有錢再繼續下去。如果考試在別的都市舉行，他便無法參加。即使去不遠的地方，他也籌不出路費。他平日靠替人寫信或被人請去教書以維生。他父母雙亡，平時都去「老大姊」家吃飯。

那時候戲子全是男的。大城開始有女戲子，但像蓬萊這種鄉下而保守的地方，可一向沒見過。從省城來的知府，很愛看戲，於是請了一團女戲子到蓬萊。他遍邀當地官員和士紳，以及供職外地的當地官宦人家，全來看戲。生員們聽到以後非常生氣，他們也想看，但不明白何以不准他們進去。於是他們就說邀請女戲子，乃是傷風敗俗的事。女戲子除了唱戲而外，還坐到男人身旁調戲。知府不便在自己家裡這麼做，但我的主人沒有正式的官銜官印，於是提議在他家辦。

演戲那天，戲子和客人到齊以後，大門便關上，派守衛看門，不准外人進入。外面聚攏的人群可真不小，又喊又叫，捶打大門。我坐靠牆的長椅，正在聽戲的當兒，突然有個東西打中我的胸膛，滾到膝上，原來是一塊大石頭。越來越多石頭丟進來。於是下令士兵出去把群眾趕走。士兵馬上衝出去，人們四散逃走，只抓到一個人，他們把這個人綁在對街大廟的柱子上，過了一天一夜，任由過往行人取笑。這個人就是那位窮秀才吳佩孚。受到這番羞辱，他便離開本地從軍去了。大軍閥、大元帥吳佩孚的起家就是從被趕出家鄉開始的。

多年以後他成家，那時他已經有點地位，他娶的是蓬萊附近一個村子的人家。我見過她，臉孔看來還不賴，但肩膀太寬，談不上是大美人。

吳佩孚結婚，所坐的是一種特別的轎子，跟城隍爺每年三次出巡的一樣。轎子四邊開著，大家都可以看到他。坐這種神轎可不是小事情。他現在具有王爺的地位，與城隍同級。他戴的是王爺的帽子，穿的袍子是紅色或黃色，從這些地方可以看出他的身分。能夠乘上神轎，並不簡單。只有極其大膽而自信的人，才敢向父老開口要求。而且要花很多錢。

女小販們講的故事，那可多啦。知府是本地最高的文官，是個旗人姓湯。他有四個太太，母親與他同住。太太的地位高過母親，因為母親只是一名妾。她們坐轎外出，太太的轎先行，其次才是他母親的。太太進出轎，有四名小官扶轎，而母親只有四名婢女扶轎。參加宴會，太太坐的位置高過母親。

知府有一個朋友跟他同住，這個人我們叫他陳兎公。以前是個唱戲的，知府與他頗親近，他曾經借錢給知府買這個官做。原本均以貴客之禮待他，直到有一天他在二太太房裡被知府抓到。據說他沒穿衣服就溜走。知府送他一些衣服，他便回北京去。

二太太替知府生了兩個兒子，但他表示再也不願見到她，只好把她打發掉。當然，兩個兒子就歸大太太。

知府說，「我頭抬不起來，帽子太重了。」

有一天，女主人的小狗丟了。這是一條北京狗，她喜歡得不得了，於是派我去算命的那裡看丟到那兒去了。

我主人所住的衙門靠近北門。北門內的大街上有間小廟，住著一位道士。他有一個駝背太太，幾個小孩。每次城隍出巡，他都焚香膜拜，但他可不是什麼好人。有個小女孩常向他買蜜餞，後來跟他很熟。有一天乘他太太不在，他便佔了這個女孩的便宜。後來我在他家見過這個女孩。他所做的乃是見不得人的勾當。但是女方家很窮，所以也沒有人把他告進官府。

這個道士，除了焚香，在大樹下擺了一個攤子賣水果蜜餞，他還擺了一個相命桌。小狗走失，女主人叫我來道士這邊問問看。他查查書算算八卦，告訴我說小狗明天會回家。第二天他親自抱小狗來領賞，他見過這條狗，根本就知道狗在那兒。

算命的從來沒有對我說過正確的預測。有一個說我第二年會死，但那是多少年以前的事了。另外一個說我會一個男人嫁過一個男人，而且每況愈下，比我原來的老鴉片鬼還糟。

相命的並非全都真有法力，但有的可真準。有個老太婆做了一個夢，夢見她拿了一只梨，對半剖開，她和丈夫各吃一半。第二天她跑去見算命的，問他這個夢什麼意思。算命的叫周公，他對她說她兒子非死不可。老太婆放聲大哭，哭回老家。由於哭聲太大，驚動了童仙女，於是派個婢女來問到底怎麼回事。聽完老太婆的說法以後，童仙女說，「他可以先知，但我可以解開。妳兒子不會死。回去吧。抓一隻公雞放在腋下，一邊摸他一邊叫妳兒子的名字。」

老太婆照她的話去做，腋下夾著一隻公雞，在院子裡、房間裡走來走去，叫著，「兒呀，兒呀，回我身邊，兒呀！」

由於一場暴風雨，兒子正在回家的路上，他看到一座老磚窯，便進去躲雨。他在裡頭聽到母親喊他的聲音，於是跑出來雨中找她，就在這時磚窯倒塌。如果他還在裡頭，非給壓死不可。

兒子返家，他母親聽兒子說完實情，便跑去周公那兒對他說，「你不講真話，我兒子活著回來了。」

「這怎麼會呢，」周公說。「他必死無疑。他的八字明明寫得清清楚楚。這是他的命。」

當母親把全部詳情告訴他，周公說，「又是這個仙女，又是她壞了我對命理的解釋。」

周公和童仙女，一個未卜先知，一個力能改運，像這一類的故事可多呢。周公於是派人向她求婚，希望藉此可以破她童貞，使其法力消失，歸他控制。要做到這點，必須取她的煞，這是她法力之所在。

煞是極強的精氣。有一家人，兒子的婚期已定，日子到了，他卻病得很重，雖然如此，母親卻說媳婦非入門不可。這個母親心腸不好。花轎剛要上路，新郎斷了氣。他們用棉被把他蓋起來，母親自己去迎娶新娘。新娘入門以後，帶進洞房，告訴她丈夫生病，剛服過發汗藥，因此不要驚動他或打開棉被。然後他們開上門，把他們留在屋子裡。做為一個賢妻，她說，「別動，就躺那兒發汗吧。」

到了晚上，煞來了。它總是在人死以後回來。占卜師知道煞什麼時候回來，所以這一家人會離開屋子避避它。煞來了。年輕的妻子突然看到兩隻公雞，一隻白一隻紅，在炕旁的地板上打架。這時她想，「門關得緊緊的，這些畜生打那兒來的？」她看著兩隻公雞打架，直到後來怕了起來。她去推她丈夫，叫他醒來，看看這種奇怪的場面究竟怎麼回事。她推他的當兒，他吸了一口長長的氣。白公雞進入他身體裡頭，於是他坐起活了過來。她衝到門邊去叫婆婆，門一打開，紅公雞奪門而出。婆婆死了。

有兩個女人家住一道，一個是婆婆，一個是媳婦。兒子走失已十年。她們的生活非常貧困，沒吃沒穿的。鄰居提過許多次，年輕的女人家應該改嫁。他們說，「這樣一來，妳才會有吃的，而婆婆靠聘金也可以活長一點。」

但年輕女的總是說，「我不能丟下婆婆不管。」

於是他們便去勸老太太，由她對媳婦加以開導，媳婦哭著說不肯這麼做。但老的心意堅決。

「幹麼兩個一道餓死呢？」

最後年輕女的說，「如果我們確實知道他人死了，那我就照妳的意思做去。」

於是她們到相命的那兒，問問看這個男的是死是活。她們將他的八字告訴相士，他出生的年、月、日、時辰。相士推算一番，然後說，「今年此時，他的命是土運，土蓋住了他，其人必死無疑。」

她們一聽聲音都高了起來，哭訴著請他再核對相書，看看是否有別的解釋。

因此他又再查書，還是說，「他人死了。」她們大哭。

「如果我算得不準，妳們可以回來掀我桌子，把我的命書撕破，毀掉神桌。」

對街廟牆下有另一個相士。眼見耳聞這個情形，便拿話語安慰她們，「或許會有別的說法。也許他正在返家的路上，這就是為什麼他全身塵土，風塵僕僕。」

心中有了新的希望，她們啟程返家，快到家時，鄰居出來看到她們便說，「妳們可知道某某剛剛回來？」

這兩個婦道人家一聽立刻轉身，還沒有進去見兒子和丈夫，她們直奔相士處掀他的桌子、撕爛他的相書。

我住官家的幾年，看到許多有趣的事。年節慶典次數真多，我們都喜歡。

農忙一過，新年就開始，來年又得重頭忙起，新年假期就是夾在中間喘氣的一段時間。有時立春那天也是新年的第一天，這一定是古人故意使它這樣的。月份隨月亮的運轉而定，新年視月盈月缺而定，下種和收成視夏暖冬涼、日曬的長短、日頭在天空的方位而定。皇宮裡頭的曆官，一年到頭算來算去，把陰陽兩套節令的關係儘量弄明白。除了春至而外，其他像冬至、夏至也得調和，曆官算妥以後，把它印成皇曆，街頭巷尾都買得到。

不管立春是在新年之前或之後幾天，新年總是令人最高興的節日，因為那是迎春牛的一天。

迎春牛，全城的人傾巢而出，大家湧向東門外。人人穿上新年的衣裳，他們最新最漂亮的衣服。大家出來彼此對看，看看人潮，也看看城裡的大小百官。所有官員都得出城迎春牛，伴它回城。他們照官階大小穿上官服，或穿繡袍或戴盔甲。頭上頂著有紅帶的帽子或孔雀翎，或是高高的頭盔。有人騎馬，有人坐轎，由馬弁、銅鑼、大傘前導，後面還有馬弁追隨。每個當官的一來，都是興高采烈，鑼鼓喧天。

但最最重要的，大家出來乃是為了春牛，要把它迎回家去。人們不知道春牛會從那邊來，不過大體知道它從東邊來。人們擠到春牛和官員旁邊，把它從人潮中迎回家。這隻大牛高坐在大轎上，在蓬萊，它得由十六名大漢抬著，因為它跟皇帝一樣大，它是隋煬帝，旁邊則是皇帝的姪兒楊猛。人家說就是楊猛個性乖張，因而把楊家王朝給弄掉了。他父親叫他往東，他偏往西；叫他往西，他偏往東。他父親死後想葬谷底，於是告訴楊猛說他要葬山頭。楊猛說，「這一次我要聽父親的，以前可從來沒這麼辦過。」他家的產業就因此而告吹。

迎春牛的行列穿過大街，兩旁的店因為過年全給封了起來。大家我擠你，你擠我。每個人都想親眼看看春牛今年是什麼顏色，這樣才知道今年怎麼打算。白色，那麼今年有喪事。黑色，會有瘟疫和病痛。紅色，會有火災。黃色，那大家可就樂了，今年會豐收，人人都有好日子過。但它很少是一個單色。它的頭也許是黑色，角則是白的。背是黃色，但上面有許多紅斑。春牛的顏色由京師裡的曆官決定。

大家把春牛帶進知府衙門，帶進大院。鳴禮炮，點爆竹。楊猛抬起他那紙糊的手臂，向春牛隋煬帝打去，這是一項號令，大家衝向春牛，把它砸爛，誰拿到一小片春牛，誰就走運。拿到頭那一部分，運道最好，取得頭部的人，拿到附近的當舖，可以領五百錢。

我在錢家做事的時候，有一天，我丈夫村子裡來了一個婦人要見我。她丈夫是個讀書人和郎中，頗為出名，她兒子也是個讀書人和郎中，但兒子的輩份比我丈夫低一輩，所以要叫我丈夫叔叔。他家有個女兒，已經許給宋慶手下的一名軍官，駐紮在滿洲。他沒法回來娶，要求女方送去。新娘的母親無法去。陪嫁過去的還有僕從和丫頭，因為他們家很有錢。但總得有人照應他們，也代表女方家庭。新娘比我小六歲，但卻叫我祖母，因為我丈夫跟她祖父同輩。所以他們要我去。

我的女主人說我去沒關係，我不在的時候，她會照料滿子。她對傭人說，你們要待滿子有如我的親生女兒，不可以打她或虐待她。我很喜歡到新的地方見識見識，看看一些新的人。所以我就動身了。

我們騎驢去烟台，穿山越嶺，涉水過河，花了兩天時間才到。這是我第一次到烟台。這次也是我首次坐人力車被男人拉著走。我們上了一條汽船，坐頭等艙。新娘、僕從、婢女和我，大家暈船暈得厲害，情況稍好的人就得照料其他的人，大部分是我來照料他們，因為老天爺給了我一副健壯的身子。我們在船上一共走了七天，因為中間遇上一場大風雨。在滿洲牛莊上岸時，我們腰上圍著鍊條，從船沿下來。旅行途中，我一路思念著女兒。

宋慶的軍隊駐紮在錦州，所以我們在山海關下船，隨後五天坐運貨板車，向北行然後轉向東。一路顛簸，有時路面太壞，遮蓋板車的草蓆竹架，我們還得用手扳住才不會垮掉。我們用布帶子綁住竹架的上頭，人跟著擺動，這樣才不會被震得太兇。

婚禮盛大，好看的風光也很多。有一個月之久，我們騎在馬背上探訪親友。但婚禮一完，我就想回家。他們請我留下來和他們一道住，我說沒法子，女兒在家，惦記得很，非回去不可。他們說他們可以派人把她接來。但是我想到暈船的痛苦，途中的艱辛，這不是小小年紀的女兒所能忍受的。何況我很惦念家鄉，滿洲這邊的人講話跟我們不一樣，吃的東西也不一樣。我說我非走不可。

那時有一位軍官的太太要回鄉，於是安排與我同行。我們搭乘舢板，船艙很小，用蓆子隔成兩半，我們佔用當中的一半。有九天之久，我們躺在這個小洞裡頭受苦。這點地方只夠我們倆個併肩躺著，而我們則一路暈船。

第五天我們來到牛莊，港口漂滿浮屍。我們的舢板就在一片屍體之中穿過，好像池塘丟下一塊麵包，金魚擠來吃一樣。我們從浮屍中奮力划過去，死屍從船身兩旁漂流而過。屍體已經腫爛，褲子也被沖走，屁股朝上，辮子鬆開，髮絲漂得滿頭滿臉。他們的褲管夾子來不及解開，可能是夜間睡覺時出事的，褲帶也沒繫。黑褲從足踝處沖掉，這些屍體腫得已呈黑色，好像是穿上衣服的豬，兩頭漂著黑色的帶子，看起來真不雅觀。

我內心裡下了一個決定，今後只要在船上睡覺，一定要把褲帶繫得緊緊的，頭髮綁得好好的。我不想變成這個樣子的死屍。

人家告訴我們說，有一艘軍艦啟程去平回亂，但鍋爐爆炸，這些屍體全是士兵。回亂的由來是這樣的。日本人、英國人、俄國人混打一氣，我無法了解為什麼會這樣。總之，打了起來就是了。時間跟日本人砲轟烟台同一個時間。仗打完以後，日本人取走台灣，俄國人佔有旅順，英國人得到威海衛。威海衛原先被日本人占領。

這次戰役，我主人李臬台的一位親戚被打死，這個人姓左名祝貴。他負責看守瀋陽的皇陵，官位不小。在這次戰役中，他被轟得不知去向，屍骨無存。有人找到一條腿，據說是他的，但也不敢確定。究竟是英國人、俄國人還是日本人幹的，我不知道。但他太太為了這件事氣極了，而她是相當能幹的人。她去找慈禧太后，要求派兵打外國人。太后不從。

李家和左家都是回教徒。回教徒很兇悍，有仇必報。左夫人回到回教徒住的地方，鼓動大家叛變。中國人便聚集軍隊想把叛亂壓下去，派遣軍艦來運兵，船還沒有離開港口，鍋爐就爆炸了，此後再也不提派兵止亂了。

這次旅行，使我學到抽烟。我很寂寞，思念女兒，所以便學著抽烟。與我同行的年輕太太有一根水烟管，只要我開口她便借我抽。我們分手時，她把烟管送我。

從牛莊到烟台，總共走了四天。一到烟台，我就覺得又回到家鄉了；一看到蓬萊的山丘，我的心扉就開了。

我從滿洲回來以後不久，主人便生病。他生病和致死的原因很多，不過最重要的是他女兒敗壞家聲這件事。

知府曾派他去萊陽調查一個賭博案子，把賭徒抓起來處分，據說他們在衙門裡頭公然聚賭。

知府想調閱萊陽知縣衙門的帳目，和知縣談談。但知縣不肯來。帳目則被地方長老藏起來。因此便打了一場官司。知府派錢老爺去聽審。如此一來，萊陽知縣憤怒異常，他做了一個稻草人和兩個稻草僕從，每個身上都安個名字，用棍棒猛打稻草人，然後燒掉。錢老爺病了許多天。

萊陽知縣和地方長老間的糾紛越鬧越大，最後甚至告上京城，後來他們全都因此關入監獄多年。

老爺和老太太都是正派而有修養的。但他們的兩個女兒，老實講，不是什麼好東西。年紀大的還稍好一些。年紀輕的已經找了一個婆家，所以她該當守規矩，不可以亂來。但她却做錯了。每次我們到二小姐的房間，我們總要咳一兩聲或弄點聲音，好警告屋裡的男人。他很年輕，專替小姐清理房間，自小在錢家長大。除了老爺老太太以外，大家全都知道這回事。很多人想警告錢老爺夫婦，但卻因此而被解僱。他們夫婦都識字，有人會在紙條上寫些字，壓在茶杯下，每次一有這種事情發生，就會有人丟掉工作。

有一天，一位傭人問女主人要不要「臭蛋」，山東西部的人把鹹蛋稱做臭蛋，我們這邊則叫「化蛋」。這兩個女兒之中有一個非常生氣。

「娘，」她說，「妳沒看到傭人在罵我們嗎？」品行不端的女人通常被人叫做臭蛋。因此，我們再也不想去警告老爺夫婦。

他們請了大夫來看女兒。傭人全都知道怎麼回事，甚至門房也知道。街上的人知道，獨獨就是老爺和太太不知道是怎麼回事。他們甚至請外國大夫來，所以外國人也知道。外國大夫來的時候，我們要求他不要下太猛的藥，因為我們不希望她受苦。於是他開了一些不關緊要的東西讓她服用。

她變得越來越嚴重，全家都圍在她身邊。我用雙手抱著她。她父親、母親、姊姊、堂表兄弟姊妹都在。他們以為她就要死了。

不久，嬰兒生了出來，他們聽到哭聲，這才知道她的毛病在那裡。老太太對我說，「帶走。」嬰兒還在她衣裳，我就脫掉她這件衣裳，把嬰兒包起來抱去我乾媽家。

回來時，門房問我他們給了我多少錢把新生嬰兒帶走。他說，「他們花了多少銀子帶出去？」

我說，「一個子兒都沒有。」

「沒有？」他說，「我以為他們至少會塞些銀子，不然的話，妳出門時，我就要查妳從主人家偷了些什麼出去。這樣一來，笑話可就鬧大了。」但他是我朋友，一切沒事。

後來他們把那個男的遣走。但他走了以後，二女兒卻又經常跟她的表兄弟們鬼混。

官宦人家的女兒不過規矩的日子，可不止這一位。另外一個衙門有一位女兒，只要她喜歡，就跟那個男人睡，甚至跟廟裡的和尚睡。那時候，和尚進入私人住宅，乃是可恥而且違法的。

即使在辦喪事時，和尚來替死者誦經超渡，他們也沒有進入放棺材的內庭，只除了晚上過了三更，死者的家人全都關在屋子裡頭以後才可以。白天，他們在第二進門旁邊的客房誦經，或者是在街道兩旁用木桿和蓬布搭起來的牌樓內誦經。

跟和尚睡的那名女子，生了許多私生子。她有一件醜事被傳揚開來。她跟管家有勾搭，被她母親發現，於是告進官廳。為了面子問題，她用別的藉口來告。她說這名管家偷走她家的東西。判官頭一次聽審，沒有讓這個母親進去內庭。他找出真相以後，拿了五十兩銀子給那個男的，叫他自謀生路，開邊門讓他走。判官於是才讓那位母親進入判堂，她向他要人。判官告訴她人已押在牢裡，於是她便滿意地離開了。

錢家的情形，老爺則是由於憤怒和羞辱而致死。二女兒自己後來也不得好死。他們家沒有兒子，老爺去世，南邊來了一個姪子主持喪事，並料理一切。他不肯放過這個女兒，向她索她父親的命。他逼迫得緊，最後她不得已只好自殺。這是他們離開蓬萊回到紹興以後的事。

我在錢家工作三年。我去的時候滿子十三歲，離開時她已十五歲。他們待我不薄。但是為了女兒，我不能再做下去。這地方對我女兒不好。朋斯太太，一個傳教士的太太，有意找我去她家做已有一段時間。這時她又提起，於是我決定去她家。

我對女主人說，「我那老鴉片鬼病了。他們派人來找我。」

她說，「病得很重嗎？」

我說是的，我可能有兩三天無法來上工。她說那沒關係，於是我就到朋斯太太家。

我去朋斯太太家，告訴她願意替她做。我在那兒做了兩天，工錢講妥，工作講定以後，我回去見女主人，對她說我另外找了個差事。我告訴她，我女兒就要成人，應該訓練她怎樣持家，應該學學怎麼繡花、做菜，好找一個婆家。而在衙門裡頭，吃的都是人家做好拿進來的，要什麼東西就去取或買，她那有機會學針繡和做菜呢？女主人只好讓我走。

女主人對我非常和氣，不願看我走。她對我說，「主公真正補上實缺，我派人去找妳，妳得回來。」但他沒有補到實缺。他因為生氣而去世。幸好有個丁家訟案，主人分得二千兩銀子，靠這筆錢，他們才能返回老家把老爺安葬了。

我的主人，在全省的官員之中，只能算是個小官，從丁家訟案都能得到那麼多錢，別的大官那還用說？這件案子毀了丁家，而他們一向被認為是全省最富有的人家。丁家是黃縣最有錢的人家，發達了六百年，比蓬萊戚家還早。丁家的發跡和如何發財的故事，老一輩的人常常說起。

有一隻鳳凰停在一株樹上，附近的男女老幼全都跑來看。鳳凰飛走以後，大家砍倒樹，一枝一節的斬斷，甚至連樹根都挖出來，但什麼財寶也沒有找到。

那年冬天，饑民湧入村子。其中有一個生病的老人和他的媳婦，這個媳婦就要生產了。於是村民大家共同商量，就在挖掉樹根的洞口蓋了一間小棚子，讓他們有個住的地方。後來老人死在那兒，一名小男嬰也在那兒誕生。

他們別無地方好葬老人家，就把他埋在洞裡，上面用土蓋住，然後在村子裡替這對母子租了一間屋子。這個小孩後來長得非常高大，大家叫他丁大漢子，他住在一間倒塌的屋子裡，替村人撿草，打打零工，有時還討討飯，藉此維生。

村子裡最有錢的是王家。他們有個女兒，由於太寶貝了，因此每次有人提親均被拒絕。其實這並不合這位閨女的意。次年新年，祭拜祖宗的神壇設妥，她自己坐上去，這不啻是對她父親說，「你把我當做一件裝飾，一件討你歡心的藝品，一件可供膜拜但不能用的東西。」

父親看到她坐那兒，不禁大怒。他對傭人說，「去吧，你們到外頭找個乞丐來，當她的丈夫。」

傭人們只得出去，他們不敢不從。但彼此說道，「丁大漢子不也當過乞丐嗎？」

於是他們出去找他，當時他正沿路撿草。

他們說，「你想不想娶個老婆？」

「這是什麼話，」他說，「嫁給像我這樣的人？」

「但我們講的是真有這麼個意思。」

「哈！」他說，「那個女人會跟我呢？」

「我們主人的女兒。」

「現在我知道你們講的全是一些廢話。」

「來吧，」傭人們說，「跟我們合飲一盅酒。到時候你會知道我們講的是不是廢話。」

他們回到家，老主人說，「找到人沒有？」

他們說，「人在這兒。」

他們把丁大漢子帶上前來。那位閨女，已綑好一包衣服，於是出來隨著他去他那間破房子，他們一起拜天地，共同生活。

他每天出去撿草賣，用賣得的錢買東西回來吃。

終於，有一天她說，「你只能靠這個法子賺錢嗎？你不能想別的法子賺更多錢嗎？」

「別的法子都要本錢。我有什麼機會可以弄到一份本錢呢？」

於是她從袋子裡取出二兩銀子，這是她從家裡帶來的，她說，「拿去做個小營生。」

「這是什麼玩意？」他說。

「銀子。」她說，「你見到銀子還認不出來呀？」

「如果這就是人人口中說的銀子，那我知道有個地方多得很。」她給了他一口籃子、草耙子，叫他快去拿回來。晚上他攜了一籃銀子回家。從此他天天來來回回，直到他們那間破房子堆滿了銀子。

新年假期，有一天，王老太太對她的管家說，「老爺雖然氣她不過，但我可沒有理由讓她受苦。把這些銀子帶去給她，向她說說我的心意。」

於是傭人便去了，當他把銀子交給那位年輕女子，她說，「我們不需要母親的錢，我們非常夠用。」由於他是牢靠的傭人，所以她帶他進去看堆積如山的銀子。他儍住了。王老太太也是如此，她不肯相信，直到親眼看見。

丁家的財富就是這麼起家的。全都是因為那位老人家，丁大漢子的祖父，埋在鳳凰棲身的樹下的原故。

就是這個吃上官司的丁家，給了我主人足夠的錢來辦他的喪事和返鄉。這個官司是跟芮家打的，其經過是這樣的。

丁家第五代的母親是個寡婦。她每天都請一個瞎眼樂師來說故事，使她高興。後來彼此走得很近，引起許多閒話，但因為她有錢，大家不敢公開說。小孩生出來之後，偷偷地從後門帶出去，然後公開地由前門送進來。這都是事先安排好的，由一個老婦人自後門帶走一包東西，然後另一個老婦人請求這位富家太太發發慈悲，把前門送入的孤兒收留下來。

這個女孩名義上雖然是個婢女，但所受到的照顧卻超乎尋常的好，大家都知道她事實上的身分。她長大到可以成婚時，便替她找了一個好人家當丈夫，這位老太太還設法把土地和錢財移轉給這對年輕夫婦，她兒子也不敢吭聲。但老太太一死，兒子就找碴。在她死以前，她給那對夫婦一張一萬兩銀的票子。他們拿去兌現，兒子宣稱這張票子是被偷走的，於是把這對夫婦告進官廳。控告的理由是「素所信賴的傭人掠奪主人財產」。我的主人不過是一名小官，他都分到幾千兩銀子，那麼丁家花在這場官司上的銀子，當比這一萬銀子多得多。不提別的，光是兩位知縣及其助手，知府和司庫、師爺等，人數並不在少。

所以老一輩的人會歎說，「當官的有十條門路發財，別的人則連一條門路都難。」他們也說：

衙門向南開

有理無錢莫進來

當錢老爺因為女兒行為不檢而一怒發病時，他們派人找我回去照料他，我回說無法成行。我的新工作剛剛定下來。不久他人死了，這次他們又來找我，這次我去了。白天，我替朋斯太太工作，照顧她的嬰兒，晚上則去老女主人家做工，幫她把老爺遺體運回南方，把一家大小搬回老家。忙到大清早才趕回自己家裡，一天睡不到幾個小時。

就在那段時間，我受了一場驚嚇。我沿著河床走路回家。天色未明，勉強可以看出一點光。突然之間，我聽到又急又猛的聲音，我覺得好像是地震，然後便看到一大塊東西飛過頭頂，落在背後的地上，大塊塊後面還跟著一些小塊塊。我怕得要死，縮在地上。朋斯先生說那是從另一顆星星掉下來的隕石，他把其中一片放到他所管的學校的博物館裡頭。

一切都安排好以後，女主人就帶著主人的遺體和兩個女兒回到紹興老家，把老爺埋進錢家墓園，女兒回老家去住。

十二、一家又團聚了 1899

我女兒滿子現在十五歲了。是該學學煮飯、做針線、打理小房子的時候了，因為她必須有所準備，才好嫁去婆家，這樣生活才會安定。而且我也擔心，她在錢家所見所聞，不能教導她什麼才是對的。最近幾年，我那老鴉片鬼也變得比較牢靠一些。他現在不致於把我放著的東西，根本不等我回來，便馬上拿出去變賣。現在他也不是天天抽鴉片，但直到他去世，他並沒有完全戒掉鴉片。有時候，他用喝的，這個法子比較省錢，包鴉片的紙拿來用水沖洗，然後喝那水，這是窮光蛋的辦法。但我們全家可團聚在一起了。我們搬進城以後，第一次租的房子租約到期，他沒地方住，只好混跡在各個鴉片館之間。後來，我因為跟敢死衙門的女主人發脾氣，從而失掉工作，我向張太太租了個房子，他就住進那兒。他在知縣衙門前面賣吃的。滿子替他做東西，他裝進籃子，就到衙門前面販賣，他賺的錢夠他吃穿。冬天，我會替他添一兩件衣服，因為他確實也需要穿厚點。

一年過一年，我那老鴉片鬼越來越可靠，但他一開口便是罵人的粗話。這該怪他娘，沒有教他怎麼說話。每隔一句，便是一句粗話。我對他說，「你話是怎麼講的？」

他便說，「我就是這個樣子。」

有一天，他在地上搜集松子，好生火煮飯，我們一向用松子生火。那年冬天，我們養了一些小雞。我丈夫視力不好，老是瞇著眼睛看，眼皮揚不起來。他以為小雞是松子，也去搜括，於是雙手沾滿雞屎。他大怒，開始罵人。他說，「操你媽的雞屎。」鄰居站在門口，說，「雞屎可不能玩。」

我笑了起來，說，「瞧瞧你們兩個，竟然為了誰該玩什麼，誰該操雞屎而鬥嘴。」

有一天，正當新年期間，我跟丈夫去看花燈。我見到地上有一條長長的東西，看起來像是襪帶，我對自己說，「這不是我的。」繼續向前走。我丈夫彎下腰來去撿，原來是一條蛇，蛇身冰冷，不能動彈。原來它藏身在一綑松枝裡面，城裡的人買松枝來燒爐灶，蛇才混進城來。

有一天，我們住進朋斯太太的廚子家，替他看守門戶。那時有一個相命的對我說，「妳命不好。沒啥指望。妳會一國男人嫁過一個男人，但運道始終不行。」

他給我算的命運是這樣壞，我聽後大哭，真想一頭撞死。我對我那老鴉片鬼說，「有什麼用呢？我不會離開你，反正別人只有比你更糟。」

我該為女兒的婚事設想了。老早以前我就下定決心，一定要給滿子找個好丈夫，比父母替我找的好多多。我不願讓職業媒人替她找婆家。我在親友之間放出風聲。我姊姊的女婿說他知道這麼一個人選。事實上，我自己也見過他。他是我姊姊的乾姊姊的兒子，他跟他母親一道，我見過一兩次。他們家，李家，有五兄弟，全都是正派的青年人。老大有肺病，將不久於人世。老二已結婚。這個是老三。我姊姊的女婿在水城營房當兵，這個青年在營房當皮匠。實際上，這等於是親上加親，我內心甚感平安。我女兒十二歲時訂了這門親事，如今她十五歲了，是她該學學如何理家的時候了。

我們全家住在向張太太租來的房子，我替外國人做了兩年工，女兒在家料理，我丈夫比以前好得多，所以我又讓他與我同睡。這幾年來，我們全家並沒能合住一道。現在，我覺得家裡該有小孩子。女兒不久就會成親，潑出去的水是收不回來的。家裡沒個兒子。我和丈夫老了以後怎麼辦？何況也該有人延續我們的香火。

十三、替傳教士工作 1899—1902

打從我小時候起，蓬萊便已經住有外國人。頭一次我看到黑鬍子高頭大馬的外國人，我以為他是個鬼怪，還蹲下來，用雙手蒙住臉。但慢慢的也就習慣了。我母親還活著的時候，我家大門，離外國人的大門不過幾間房而已。我向她租房子的張太太，她是信教的，也幫著傳教，我們兩家的院子就只隔一道牆。外國婦女曾經拜訪過我母親，她們也拜訪過我做工的那些官太太們。張太太請我替她們安排去拜訪我的女主人。朋斯太太生了小孩以後，想找一個阿媽來照顧，張太太向她推荐我。

在中國人的家庭裡面，傭人跟主人家一起吃住。在外國人家庭，傭人晚上回自己家，吃自己的。即使要傭人住進他家，她還是吃自己，而在後院給她一間房，至少表面上看還有自己的家庭生活。所以我樂於為外國家庭工作。

不過，比較起來，在中國家庭做比在外國家庭輕鬆。在中國家庭，女傭早上捧熱水給女主人漱洗，替她梳頭髮，把早餐送進來。此外的時間就是傭人自己的，高興做什麼就做什麼。每頓飯之後，中國家庭的傭人就吃主人吃剩的，以及為傭人準備的飯菜。在外國人家庭，妳得擦地板。我總認為這是男人幹的活，但朋斯太太要我做，而且要我打掃地毯。她還得教我怎麼使用笨重的外國掃把。

清掃中國人的房子很簡單，只要一把輕輕的掃帚，清掃磚鋪的地板就可以了。鋪外國人的床是很累人的。如果女主人對鋪床要求特高，那就很難討她歡心。鋪中國式的床可容易多了，把鋪蓋捲起來，放到炕邊的矮凳即可。

中國家庭的洗衣工作也很簡單。外衣塵垢不多，一個月洗兩次夠了。只要方便，我們拿到河邊洗。在河邊洗的衣服，比較白，摸起來也舒服，勝過家裡洗的。我們並不浪費肥皂，不像現在的年輕人，我們一塊肥皂可以用上好幾個月。洗衣服的前一天，我們會把廚房燒的松枝灰取出，用水去滲它，好像造酒時用水去滲米穀一樣。然後把衣服泡在這種松灰水裡頭，第二天拿到河邊去洗，摸起來真舒服。我們在石頭上打衣服，在河濱攤開曬乾。男人的襪子和女人的裹脚布，則用漿去漿，直到看起來又挺、又白、又漂亮。

等到我替外國人工作以後，我才洗那些不乾淨的東西。如果一個中國婦女不小心弄髒了上衣，她會先沖乾淨，然後才交給傭人去洗。月事來時，寧可用那用完即丟的紙，不必用布每個月還得洗一次。這些事體，我們覺得是不便告人的，自己知道就好。但朋斯太太不在乎，她甚至用小孩子的尿布。對我們中國人而言，這就太可怕了。沒有一個太太會讓人家用她兒子的尿片的，怕這樣做兒子的精氣會被偷走。有些人還會偷別人家健康小孩的尿片，供不能生育的婦女用。有的人甚至會把小孩用的碗筷偷走，希望這樣可以使她們成孕。生兒子，則把胎衣埋到床邊的地板下。人們會把從張家偷來的尿布，李家偷來的碗筷，一齊埋進胎衣的小洞，這樣新生的嬰兒才不會出門。女嬰的胎衣則埋到窗外，因為女的總歸要出嫁的。

比起替中國的官宦人家做，替外國人做遠較辛苦，錢也少。唯一的好處是我可以住自己家裡。我本以為替朋斯太太做，會存更多錢。雖然朋斯太太每個月給三千錢，在中國家庭我只領一千錢，但在中國家庭做時我有錢存，替朋斯太太做卻貼錢。替中國女主人做，我有自己的房間、母女的食物、暖氣和熱水。我用工錢買衣服，而把小費存起來。我總共存了三萬錢，當我開始替朋斯太太工作時，我把積蓄花光，我用這些錢把家整理成個樣子。不過這些錢我還是賺了回來，因為那時我原來的主人病故，每天晚上我去女主人那邊工作。替外國人工作而住自己家，我得付房租、吃的、暖氣、燈和衣服。

替外國人做，沒有閑著的時候。回到家又有自己家裡的事情要做。朋斯太太要求非常嚴格，有時不無過份之處。

有次她前往烟台，要我隨行照顧小孩。我們動身，然後在一間客棧停下來吃飯，她說，「妳吃什麼？」

我說我不知道，一切聽她的。

「難道妳沒有帶吃的來嗎？」

「沒有。」

「妳不是跟過女主人去滿洲嗎？」

我答說是的。「但她吃什麼，我就吃什麼。」

然後朋斯太太說，「我借錢給妳去買自己的食物。」

但她可給兒子東西吃，我不認為這樣做是公平的。到了烟台以後，吃東西不太方便。傳教士住在山頂上，食品店全在山下。我不知道該向那間店買，也沒有時間去。我是這麼忙，因此也就時常挨餓。那個小男生與所住傳教士的廚子一道吃，日子好過得很。我可不大快樂。

有一天，朋斯太太對我說，「自從我們來到烟台以後，為什麼妳老是怒氣沖沖？」

我把話向她說了，她說這是習慣如此，於是你一言我一語的對講起來，這是我第一次跟她這樣講話。我過去的女主人說我脾氣不好，這是實話，我一直想法子按捺住。

但這次我真的火了，我說，「回到蓬萊以後，請妳另找高明。我會再去找一家中國人做。」她不以為我是認真的。

在烟台時，我們也為了在禮拜天做針線而鬥嘴。我站在洗衣房門口縫鞋底。有個男工在裡頭燙衣服。洗衣房的門正對著教堂的門，我瞧著信徒們走進教堂。有一位傳教士看到我們，就對朋斯太太說，她的人破壞了安息日的規矩。朋斯太太走過來看我們，我見她走來，便把針線等藏進衣袖，當時我們的衣袖都很寬。但男工背對大門，全心全意在燙衣服，於是被她逮到了。

她說，「你幹麼在禮拜天燙衣服？」

「因為妳要衣服。」

「但我可不是今天就要。今天是安息日，不可以燙衣服。」她責罵他。

她沒有罵我，因為她知道我不是信徒。但在我把針線藏進衣袖之前，她已看到我在縫東西，等我們回到她房間以後，她要我別在禮拜天在人家見得著的地方做針線。我問她為什麼，如果他們的上帝無所不在，那麼我在這個地方可以做針線，在那個地方卻不可以，這是錯的。所該守的法，可不就是上帝的法嗎？

隨後有一個禮拜天，我進去她房間舖床，她正在補她兒子的襪子。我走到床的另一邊，讓她看到我可以看見她，然後對她微微一笑。她說，「哎，有什麼辦法呢？他半截腿都露在外面呢。」此後再也不對我提禮拜天作針線的事。

那時，我們還沒有吵架。但卻使我感受更深。當我們真的吵起來，我說回蓬萊以後，我會另外找個中國家庭做。就像人家上吊，用自己的體重殺死自己，我是故意去吵架的。我用光了自己帶來的錢，二千錢，不足以維生。我們彼此均用惡毒的字眼。

「自從到中國以後，我還沒有恨人恨到像妳這樣。」

「我出來做事到現在，還沒有碰到這麼惡劣的地方。」

「我是要使妳成為一個很有用的婦人。」

「就像妳所說的，我向來是個沒用的人。」

朋斯太太不以為我是講認真的。當我們回到蓬萊以後，我就到乾媽那兒向她說了我的情形。

「給我一兩天時間。」她說。兩天後，她就替我找了一個很好的地方。有一位官員正要離開，他願意接納我和女兒，也會替我那個老鴉片鬼找個差事。我們有吃有穿，還有一趟旅行。

我去朋斯太太家對她說明，她哭了起來，握著我的手懇求我別走。我的朋友也求我別離家太遠。我有不少債要解決，也有不少錢要收回，等我把這些料理得當，官員也已經走了，無論如何我決定還是留在故鄉。

我替朋斯太太做了兩年。那時我們常去探望丁斯特太太。她拜訪過我母親，我們都很喜歡她。她病得厲害，已經躺了幾個月，活不下去了。她有一個姪女從美國來跟她住，姪女待她很好，她也很喜歡這個姪女。

大家都喜歡這個姪女，這位小姐——我們叫她小姐。我們經常逗她，說她應該結婚。她會格格尖叫，然後說，「不，不，我不行結婚。那可會要我的命。我的肺不好。」

不久，丁斯特太太死了。臨死前苦痛異常，大夫故意開過量的藥，使她解脫。她姪女哭得死去活來。

她嫁給威爾遜先生前夕，叫大家到她房間，和我們說話，我們逗她，「妳畢竟還是結婚了。」她說，「除了結婚外，我別無法子。」我們全都了解。她姑媽死了，她原本要跟姑媽廝守，現在姑媽過世了。

威爾遜太太一直是我的朋友。我最後遷往烟台，就是她幫的忙。她是一個好婦人。但我實在無法信她的教，即使她懇求我，甚至要我跪下來和她一起祈禱。我無法信她的教，但我知道她是個好婦人。

她結婚時，她穿白紗，他穿黑色西裝。我們認為這實在不妥，黑色白色乃是辦喪事的顏色。她說他們國家的風俗這樣。但她也跟我們一樣坐紅轎。她丈夫在旁邊扶著轎竿，使她面子有光彩。

義和團的亂事也蔓延到蓬萊，但沒有人遇害，我也沒看到任何神壇。有人練這些功夫，一個人說，「我是關平。」另一個說，「我是孫猴子。」另外一個說，「我是豬八戒。」全是騙人的玩意。我嘲笑他們。當時謠傳說那一家的門被塗上血，井被放毒。謠言像冬天的雪花，紛紛飄落。

朋斯太太怕得要命，衝衝撞撞打點東西想離開，不幸跌傷了膝蓋。丁斯特醫生則擔心他的未婚妻。他已經六十有餘，跟北京一位五十多歲的女傳教士訂婚，每天都盼望北京來的消息。他說，「我不知道能否見到我的未婚妻。」後來他還是見到了並且娶了她。

印刷所有一個人姓呂，他太太進過學堂，沒有纏足，她求我替她找一雙老式纏足的鞋子，以便逃難時可以穿上。義和團先殺天足的婦女。婦女而有天足，顯然就是與外國人勾結的記號。照顧敢死衙門子女的老潘，她纏過足，但脚板大得很。我就向她借了一雙鞋。

印刷所另外一個人則猛背佛經，碰見義和團時，他可以背誦佛經，人家就不知道他跟基督徒來往過。朋斯太太有一塊木板，據說是從慈禧太后梳頭坐的椅子拆下來的，我不知道為什麼她寶貝得不得了。朋斯太太很害怕。

我說，「怕也沒用。」

她說，「怕還是有用處的。」繼續去忙她的準備逃難的工作。

只有廚子老韓一點都不怕。「我向來不用自己信的教去壓人。」他說。「身為基督徒，我沒有害過一個人。」他照常幹他的活。他是唯一不怕的人。

我待朋斯太太家，直到與廚子吵翻為止。有一段時間，我們還是好朋友呢。我們一家曾住他家，替他看守門戶。滿子結婚時，他兒子還充當滿子的哥哥。我們吵翻了，無從補救，於是我回家去變成一名小販。

十四、滿子的婚姻 1901

滿子十七歲時，我還在替朋斯太太做工，我想她是該結婚了。同時我自己也懷有身孕，家裡就要有小嬰兒，正是滿子去婆家的時候。她父親說我們不夠錢辦婚事，但我堅持要辦。她已到了該成婚有自己家庭的年齡。

滿子一生的不幸由此開始，所以她歸罪於我。但女人家是應該結婚。延續香火乃是女人的命運，也是她的幸福之所在。那有法子可以計劃將來呢。事情來了，就得接受。人的一生都是命，出生時的八字決定了一切，出生的年、月、日、時辰，管住人的命運。

所以，我們便替她辦個婚禮，我的朋友都來幫忙。結婚那天是三月初七。朋斯太太廚子老韓的兒子，充當滿子的哥哥，陪著她把她帶去新家。我以為替她做了一件好事。這個年輕人在水城兵營那邊有個不錯的皮匠活兒。既然有個工作，應該會有東西吃。

她結婚後的第十七天，滿子回門。這十七天當中，她吃的全是我帶過去的東西，今天一籃東西，明天一包饅頭。照蓬萊的習俗，女兒嫁過去，吃的仍由女方家裡提供，甚至第一個小孩的衣物也由女方供應。但滿子的情形已經有點過份。就在他們結婚的當天，男方的父母離家前往滿洲。他們把房子裡的一切都包走，只剩炕上的墊子和一床棉被。

第十七天滿子回來，我把她留住。這十七天當中，他沒有帶過一文錢回家。他在水城營房工作，那邊有得吃，而且每個月有三兩銀子。但他竟連一個銅板都沒有帶回家過。我在所住地方租了一間東廂房，那時候房租並不貴。他們在那兒住了三個月，吃的全部靠我供給。有一位鄰居問道，「妳女兒的丈夫不帶吃的東西回家嗎？」

「不，」我說，「沒帶過一袋麵粉，也沒帶過一頓飯。更沒有帶過一個銅板。」

「而他每個月有三兩銀子，兵營也提供伙食。」

那天晚上他回來時，我對他說，「官餉不是發了嗎？」

他一怒之下，便離家出走長達數月，既看不到他的人影，也聽不到他的消息。於是我便不再續租那間廂房，把女兒接來跟我們同房住。

那時我身子有孕，十二月我又生下一個女兒。就在那時我們聽到他的消息。我們收到一封信，說他在青島替外國人當兵，每個月領八兩銀子。當時我們想一切可都好了。至少每個月可以送二兩銀子回家。

我女兒出生後第四天，我便起床去幫張太太的忙。他們家有人去世，我幫他們縫製白色孝服和粗麻喪服。我身體覺得不大對勁。

我回到家在炕上休息。這次生小孩可辛苦多了。我舅舅恰好來看我，其他家人則圍坐在我身邊，大家聊聊天。門上有敲門聲，然後他就進來了，那個出走幾個月一個銅板都不送回家的人進來了。那個時候男人剃掉一半的頭髮，只在頭背留著一條辮子。他的頭髮在該剃的地方卻長到遮住臉碰到下巴，臉黑漆漆的，好像在礦坑挖煤的人。身上穿一件短棉襖，薄薄的棉褲只及膝蓋。他坐在長板凳上，頭晃著，雙膝因為寒冷而發抖。沒人跟他說話。我們全都氣他不過。他穿著破衣服佝僂在那兒。最後他說，「好吧，我也該走了。」

隨後我望了舅舅一下，他可憐這個小子，於是說，「你終於回家了。」

「嗯，嗯，我回來了。」

「我以為你混得不錯，替外國人當兵，每個月八兩銀子。」

「一定有人故意寫信說我的壞話。」

我舅舅聽後覺得噁心，於是站起來，「好吧，以後再見。」然後他就走了。

「你現在怎麼辦？」我問這個青年人。

「待這兒。」他的聲音很粗魯。

「你怎麼可以這樣？這一個炕還有別的房間嗎？我的女兒、你的老婆、我、我手上抱的嬰兒、我丈夫，大家全擠這兒。那有房間給你住。」

「我會睡廚房灶君座下面。」

「好，」我說，「你拿什麼來蓋呢？我們在這兒蓋著暖和的被子睡，而你睡外面沒有棉被蓋，我們能這樣做嗎？我們有多出一條棉被可以給你用嗎？」後來我丈夫帶他出去，找個地方安頓他。

我們家裡有點麵粉，那是張太太給我們過年用的。我對丈夫和女兒說，「他又窮又餓，這個新年他大概也吃不到餃子。我們把高粱粉和麵粉混在一起，請他大年初三來我們家吃飯。」於是我們就請了他，他也答應了。

後來我們聽人家講，這幾個月他住在北門的塔樓，跟張清仔、古慶仔等廢物混在一道，人家叫他李雲仔。他們晚上睡塔樓，白天就在市區亂逛。

年初二，有人敲門。孩子的爹跑去看，他門還沒有大開，那個人已經一脚踩進來，我女兒的丈夫力氣不小，我丈夫無法關門，所以他就進來了。大年初三以前，照風俗，女婿是不可以來見丈母娘的，所以我對他說，「你幹嗎今天來？我們不是叫你年初三來嗎？」

「我來找我老婆，」他說，「我要帶她走。」

「你要帶她上那兒，你連一頓飯都沒有給她吃過。」

「她是我老婆，還是不是我老婆？」他的意思是把她帶走賣掉。我大為生氣，罵他一頓。他把外衣一脫，辮子一纏，手肘一寬，就要跟我門將起來。

我女兒攔腰抱住我，哭著說，「娘，娘，我死也跟妳在一道。」

我說，「你去找個人來擔保，只有這樣，才准你帶走我女兒。」

然後我丈夫插嘴，講了許多好話，才送走他。但我女兒的丈夫卻找不到一個人肯替他擔保。

他跑去見我舅舅，舅舅住我家附近。

「請告訴我岳母，我是好不了的。最好給她女兒找個新歸宿。」

「這成什麼話？」我舅舅說，「我說不出這種話。」

我問舅舅他說些什麼，「他不是人。我怎能跟他說話呢？」

「你幹嗎不把他劈成兩半？」

鄰居們對我講千萬要小心門戶。

有一天，我想去看鄰居，她那十五歲的女兒說，「如果妳要同我娘出去，那我就過來跟妳女兒作伴。」

所以我就抱著嬰兒出門，我最後一句話交代說，「把大門閂好。」

我正在人家那兒，鄰居跑來，「他破門而入偷拿東西。」我立刻回家。我一離開家門，他便來敲門，鄰居女兒去應門，他又是強行進入。他對他妻子說，「我要抽烟。」她們便替他準備烟管。那個鄰居小女孩在旁邊等到，他則坐那兒吸我的烟管，「咕嚕，咕嚕。」

「我母親留下來的棉被在那兒？」

我女兒答說，她還有點常識，「我拿去當掉買吃的，因為你不帶吃的回來。」事實上並沒有當掉，而是藏起來。

「那麼，」他說，「我便拿這樣那樣。」他去拿那個又大又厚的棉被，平常我們摺起來放在床脚，又取了我以前女主人送我的烟管。

這兩個女孩開始大叫，「有賊，有賊。」鄰居們靠過來。十五歲大的女孩子抱住他的腰要制止他，但她那能攔得住強壯的一個大男人呢！鄰居們來不及制止他，他人已跑了。

我們四處去當舖查問。最後，張大頭，他是鄰房鴉片烟館主人的女婿，在一間當舖外遇見他，對他說，「你在這兒幹什麼？」

「呸，這干你屁事？我不能上這兒呀！」

我們趕到當舖去，發現他已經賣斷，連贖回的機會都沒有。這些東西就這樣丟掉了。

因為這件事，以後我就很怕把女兒留在家裡。我帶她去張太太那兒住三天。張太太家裡有個學堂，她說，「學堂裡有許多男生進進出出，我這個地方不適合年輕女子，妳最好找個更恰當的地方。」

我帶她去我乾媽那兒，把她藏在那裡。

我去張太太那邊做幾天零工。我把自己房間的門鎖上，大門也鎖上，還用一塊大石頭頂住。我從鄰居的院子出去，把嬰兒交給他們帶。張太太的學堂放學以後，我去鄰居處餵奶。他們對我說，「妳的孩子餓了，妳也餓了。先別出去，就待這兒餵奶，順便喝碗稀飯。」所以我便在鄰居家餵奶，喝了一碗稀飯。然後回家去，結果看到頂住大門的石頭已被搬走，大門洞開，但房門卻仍關著。我很奇怪，「大門洞開，房門仍然鎖著，石頭又被搬走，這是怎麼回事？」

後來我看見窗戶打開，知道他已經來過了。他打開我的箱子，把舅舅託我保管的衣服，我替孩子的爹準備過冬的衣服，我女兒結婚時穿的衣服，我們的舖蓋，全部被他偷走。能拿的都拿了。

鄰居們全都過來看熱鬧，人多得把整條巷子塞住，好像掀開蓋子的滾鍋一樣。

這下子可真是損失慘重。痛定思痛，我想起了以前敢死衙門女主人的兒子，主人和女主人雖已離開，但他們的三公子還在蓬萊。他準備考個功名，認得水師營房的軍官，我女婿就在那邊當差。

我去找老潘，她照顧過三公子的弟妹，也是我以前的同事。她便到三公子那邊把事情說了。他聽她這麼一講，馬上派了四名衙門的差役，去抓我女婿。

老主人的公子說，「他可不是在家父老友王將軍手下吃糧嗎？去年秋天，他不是偷了三套衣服逃走嗎？」

話傳到營房裡的將軍耳中，於是他派兵去搜。

那些日子，我丈夫已經改好很多。他仍舊在知縣衙門進口處賣東西。有人告訴他這回事，他於是回家來。

張大頭對他說，「你不告進知縣那邊說你家丟了東西嗎？」

他卻回稱，「我幹麼這麼做？我的八字可清白得很。」因為他以前也偷東西，現在洗手不幹了。

我向老潘說這件事，人還沒有到家，衙門的四個差役已經到我家調查。張大頭和鄰居均已跟他們談過，也指給他們看。自後來一個賣蜜餞的小孩說，「我看到這個小偷，不是他，而是古慶仔。」

古慶仔是附近一個大家都知道的小偷。他跟我女婿一起在北門那一帶混。不過沒人知道他現在住那兒。

有一位鄰居說，「他住在北門外。」

但那一個鄰居說，「他不是跟一個女的住南門外的浦家瓦嗎？」

張大頭領著衙門跑腿去抓小偷，許多鄰居也跟去。

他們到了那邊，見到那個女的正在屋前的小溪洗衣服。女的問他們要幹麼，他們說，「我們要找古慶仔，他人在那兒？」

她說她不知道，但他們強行進入屋內。古慶仔正在睡大覺。他一聽到人聲嘈雜，便跳起來要逃，還來不及翻過後牆，他們對著他大叫，「東西藏那兒？」「什麼東西不東西的？」他一邊跑一邊向他們丟石子。他們用一根木槌子丟他，恰好打中，終於把他逮住。

那個女的有一口箱子，打開一看，裡頭就是我的衣服。官家差役抓住古慶仔，把他帶回衙門的同時，營房的士兵也抓到另外一個，帶他回營。鄰居對我說，「他被逮到了。妳是他丈母娘，該去營房一趟，向將軍叩頭，救他一命。」我為什麼要救他，我恨死他了。

他被留在營房過夜。第二天早上便派人來叫我。營房有兩位將軍，王將軍和李將軍，他們全都認得我，都是我的老朋友。王將軍把這個青年人罵一頓，然後說，「你幹麼給丈母娘惹這麼多麻煩？」

這個青年人已經挨了五百棍子，營房皮革部的頭子，一個姓王的人，便在中間說和。關於他偷了三套制服的事，將軍同意放他一馬，王先生極力勸說將軍讓這個青年回到原來的崗位，並且立下保證。但將軍表示，首先必須加以處罰，同時要戒掉抽鴉片的惡習。他們關他禁閉一個月。將軍要他加入不抽鴉片烟不喝酒的一個社團。

他關禁閉出來以後，王先生帶他來見我，請求我再收容他。他對我講了許多好話。「現在他人在這兒，妳不高興嗎？惡習改過來了，讓我們使他像個人樣吧！」

「回來以後，他老毛病不改，依舊不成材，那可怎麼辦？」

「我收他當乾兒子。」他提出這個保證。「且讓他倆口子住在一起，讓他自立門戶。如果有什麼問題，找我好了。」

王先生替他們在水城那邊租了一間房，買些米送他們，他們便又住一道了。他大概好半個月，然後又開始變壞。他偷鄰居的東西，賣掉家裡的米，我女兒沒東西可吃。他乾爹王先生便向米店商量，讓店裡賒米給我女兒。

三個月之後，乾爹王先生把我女兒帶回來。

「領回女兒吧。我沒法子，我管不住他。」

營房將他除名，他只好又回街頭去混。誰對他好，他就偷誰。他在北郊向一家店偷了三袋米。他常向人家叩頭，訴說他的悲慘遭遇，說一整天都沒吃東西。「給我一根玉米吧。」看到饅頭，他就說，「好饅頭，好饅頭，」然後伸手一抓便跑開。他就這麼在街頭混，偷東西吃。

他們同居三個月，我女兒也懷孕了。

十五、子子孫孫 1902-1910

有一天晚上我做夢，夢到下雨打雷。雷聲湧進屋裡，我叫滿子起床去關門，但她不肯。雷劈到她，她全身是火。

那時我的孫女淑德出世。她是在藍太太家裡出生的，而不是在自己家裡。

滿子快要生產我第一個孫子時，她住在我家。照風俗，外孫不該在外婆家出世，否則便是不合規矩。當時，我並沒有注意到這件事。但是藍太太說，「我住的對街多出幾間房。讓妳女兒住那邊生產。」

「外國人會准嗎？」我問道。

「他們不會知道的。」她說，「即使知道了，他們也不會在乎。」當時那批外國人可真好。所以我女兒便到藍太太那邊去，在那兒生產。藍太太當接生婆，照顧我女兒。女兒在那邊住了兩個月。

後來人家就說話了，他們說現在他做了爸爸，我女婿也許會變好。他自己也求我幫忙。我還能怎樣呢？我准他回來。淑德是四月生的。

到了五月，衙門的差役來我家抓他走。原來他又偷東西了。所以我們對他講，你最好到別的地方找個工作。他說他去威海衛，還說有一條船黎明時候開船。深夜，我起來替他準備吃的。我煮了蛋，熱了饅頭，送他上路。

我們以為他走了。一天有個鄰居對我說，「妳女婿不是走了嗎？」

我說，「是呀！」

「但大街上皮革店那個人不就是他嗎？」

我到皮革店問，「李明在不在這？」李明是他的乳名，家裡這麼叫他。他的真名叫李雲。他們向店的後門叫，「李明。」然後他便出現。

我說，「你怎麼沒走呢？」他無話可說。

我帶他回家。我們彼此商量，「把他送回滿洲他父母那兒。」但旅費沒有著落。

有人替他弄了三百錢。我們買給他一塊又大又圓的麵餅，好像小車輪子這般大，然後跟船長商量帶他走。衙門差役上船去找他，想取走他的鋪蓋和衣服，因為他偷了人家的東西。但我丈夫替他求情說，「我們大家都認得，大家都是朋友。他就要離開家鄉了，別讓他受凍吧。」「因此他才保住身上穿的衣服，但他心頭想的全是那塊大餅，他緊緊地抱在胸前，彷彿鍋蓋一樣，嘴巴直說，「我這一路就吃這塊大餅。」

我們知道他後來見到了他的父母，因為他母親送了我女兒三尺紅布，送了孫女一塊花布。他們家所能替我女兒和她的孩子做的，就只這些。

我丈夫說過很多次，「妳自己做的媒，妳自己找的女婿。如果是我做的，那就全都是我的錯了。」

那一年，所有的鄰居都懷孕。我們住的那一條街，沒有一戶人家不生小孩，甚至以前不生的，現在也都生了。

我女兒說，「你們大家都有得樂了。」她用手按著指頭，血管的跳動就跟手腕一樣，從這個跡象，她知道她又懷孕了，那時她第一個孩子還不到兩個月大。

第二個小孩是新年之前生的，又是一個女兒。

生產過後，我女兒病得厲害，兩眼發白。她吃二十個蛋，十塊饅頭，很多碗稀飯，還不覺得飽。

為了賣我的貨，我各處都去，也把我的麻煩四處對人家說。我全心全意的做。我見到蓬萊最出名的一個大夫的太太，以前我在各個衙門做工時就已經知道這個人。她說，「我會請主人去瞧瞧妳女兒。」

我抗議道，「他是坐大轎的，怎麼能到我的狗窩來呢？」

他真來了。他坐轎子到大街，然後徒步穿過我們住的小巷，他穿大皮袍，領子高高的可以擋風禦寒。他給我女兒下了一帖藥，服過以後女兒便好多了。他不收一文診斷費，後來我們去他開的藥房取藥，也不收一毛錢。

後來我又懷孕，張太太對我說，「妳白天成天帶著一綑東西，晚上又要照顧孫女兒。」我的小女兒死了，因為腹瀉而死的。

「妳的身子重起來了，傷到孩子可怎麼辦？」

我確實在瑞金村的小溪摔過跤，幸好我穿了兩件厚棉褲，因此沒有受傷。我的鞋子被污泥絆住，只好脫掉。

到了元月份，我開始有點害怕外出，但為了生活又不得不出門。孩子出世前五天，我還到北大街買米。

小孩出世，鄰居向我舅舅說，「福氣到了。」

「怎麼回事？」

「生個兒子。」

「噢，我們那有這麼好運。」他非常高興，所以才說這些話。

然後他說，「我給他取個名字叫鎖住子，我們把這個寶貝兒子鎖住。」他取出一千錢買蛋給我。

產後第八天，我又到外頭賣東西。鄰居說，「妳這樣會把妳的脚搞壞。」但沒有別的法子，我非得出門營生不可。

我女兒跟我兩個人打好商量。晚上和早晨，由我來餵這兩個小孩，白天由她餵。

我丈夫已經五十四歲，身子不行，開始生病。病了大約一個月，人便死了。最後的這幾年，他人已改好很多。但他走了以後，我並不思念他。我有個兒子，我很高興。家也安定下來。

兒子帶給我極大的快樂，我對自己說，「現在我自己的家定下來了，我女兒的家不也該定下來嗎？」

於是我傳話給我女婿，他和父母一起住在滿洲，我要他回家來。他穿著父母給他的體面衣服回來。晚上我到鄰居家睡，把屋子讓給他們。

我女兒的孩子生出來，又是一個女的。

我們住的房子靠近一片大菜園。孫女和我兒子就在菜園玩，有如我自己小時候一樣。蓬萊這一區的人家，屋子前面有一條河。小孩子們喜歡到河床上玩，用泥沙、小石子來蓋房子。在春夏季，我們告誡小孩子千萬要小心，有時候一場大雨，附近山上流下來的雨水會使河水突然漲升，有人曾經被水捲走過。

有一天雨很大，整晚下個不停。對門的鄰居晚上來找我，她問道，「妳家有沒有進水？」我說我想沒有。我坐起來把脚從床邊放下去，那時候我們屋子裡沒有點油燈。我把脚放下去，水淹到膝蓋。水上漂著一樣東西，又長又圓，打到我的脚。我大叫一聲，以為是一條蛇。然後擦根洋火，才看到原來是爐角漂出來的一根木炭。門前那條河河水氾濫，每一家的房子都進水。

最大的孫女和我的小兒子到張太太的學校。下雨天，我們會叫小孩子不要去。兒子會聽我的，但淑德乘人不注意會溜去學校。張太太待她很好，常留她吃午飯。張家吃兩種食物，張先生是個牧師，他吃比較好的東西，吃的是白饅頭，青菜裡頭有肉。張太太和女兒們則吃玉米做的饅頭和豆腐，他們會請淑德一道用餐。有時候，張先生還從自己的盤子裡夾菜給她。張家夫婦對我和我的家人非常好。

我們的鄰居是個賣牛奶的，家裡養了乳牛，擠牛奶賣給外國人和有錢的吸鴉片的人。再過去就是丁斯特太太住過的房子，隔壁是朋斯太太的屋子。

我女兒的丈夫跟我們同住，但他真是個一無用處的人。

經過這麼多年，他還是毫無用處的廢物。他們家有了三個女兒，淑德也已七歲，他又重提想賣老婆的事。

他說，「家裡有女兒，可不是什麼賠錢生意。每個女兒可賣三百兩銀子，靠這些銀子，我們夫妻倆可以過好長一段日子，然後如果別無女兒可賣，我再把妳賣掉，又多出個三百兩。」

後來他又要淑德去學唱戲。他計算一番，認為淑德到了十二歲，就能賺幾百兩銀子，大家便可以過舒服日子，等到她十七、八歲，便賣給有錢人家當妾，一生不愁吃穿。

他女兒怕他怕得要命，總是到我這邊來跟我一道住。

「我不願同他們住。」她說。她一看到父親就跑。

當時他在一間皮革店做。有一天，鴉片烟館老闆的太太對他說，「我這兒有一對靴皮上半，想找一對鞋底縫起來，你算多少錢？」

他說，「幹麼我們還談價錢呢？大家不都是朋友嗎？我免費替妳做。」

她說，「那可不行。如果你能把這靴皮縫上鞋底，我請你到我家吃飯。」

三天之久，他坐下來縫鞋底，吃他們家的食物。然後他說，「現在鞋子縫好了，必須拿去撐。我把這雙鞋拿走去撐好。」她讓他取走。

過了三天，他沒有把鞋子送還，她就出去找他。她到皮革店喚他出來，她說，「鞋子在那兒？」

他說，「沒關係，我去拿來給妳。」

她說，「你不必一個人去，我跟你去。」她抓住他的袍子，隨著他穿街過巷，他故意走到大街上，人來人往使她不好意思因而放開他。看到她不為所動，他便鬆開衣扣溜掉了。她手上只抓著一件空空的袍子。

隨後她丈夫親自找上他，說，「你非把鞋子還來不可。」

我女兒的丈夫說他會取還給他們，但那個人說他跟他去。他們來到他朋友的屋子，敲大門。

「我跟你一道進去。」那位女士的丈夫說。

「不，」他說，「這是人家家裡。女人家尚未起身，你這樣進去騷擾人家是不對的。你在這兒看著我，你守大門，我跑也跑不了。」

所以這個人就一屁股坐在小土堆上，注視著莫讓那個廢物跳牆而逃。他坐那兒看呀看的，他老兄還不出來。已經到了中午，他老兄還不出來。於是那位女士的丈夫起身去敲大門，那家的女人出來，他問道，「李明還在這兒吧？」

她答稱，「李明？他來過，但早就走了。」

「走了？但我一直看守著大門。」

「他從後門走的。」

自此以後，我們再也沒見到他。他去了滿洲，朋友們說在那邊見到他，他打嗎啡針，身上的肉越來越少，不成人形。

我女兒的丈夫有五個兄弟，沒有一個是成材的。老大肺病去世。老二是個賭徒。老三就是我孫女兒的爸爸。老四肺病死掉。老五同老三一樣。沒有一個像個人樣。全都是人渣，全都身體不好。這是他們母親的過失，他們像是野馬一般亂竄。

每當他們的父親要處罰他們，母親就護著孩子。如果他罰他們不准吃飯，她就不經過父親的同意，偷取食物給他們吃。因此，他們長大以後，就分不清是非對錯。

為人父母，誰不疼惜自己的子女呢？老一輩的人傳下這麼一句諺語，「虎毒不食子。」但我長大成人的法子，可跟我女婿的母親養育子女的法子不同。而且我一向遵照父母親的教導。我自己養育子女和孫子，也用同樣的方式。

我父親是一個嚴格的人。如果他逮到我們在街頭跟人打架，不由分說，先帶回家揍一頓，然後再問問看是不是我們的錯。

像他這樣守原則的父母，倒不多見。有些父母還鼓勵小孩子去取非份的東西，他們以為這樣子正好顯示孩子多麼聰明。我小時候，鄰居有個兒子跟別的小孩去搜乾草來燒，我們每個人都有一片割草的刀子，他搶了一個小小孩的刀片，當那個小女孩大聲哭著，請求把刀片還她，那位母親竟說她不知道這回事。當然，那時她並沒有看見刀子。但她把兒子帶回家的籃子翻開，刀片就在那兒。她沒有還人家，也沒有處罰她兒子。她以為兒子聰明得很。鄰居知道後罵她一頓。

現在我們有另外一個鄰居，她是一位軍官的妻子。她的小兒子見到東西就拿，被他拿走的東西，沒有人取得回來。這位母親從來不責備兒子，她以為兒子真聰明，還說他「能幹。」真的，我們家女人的命運可真苦。這都是老天規定好的。打從我們在娘胎開始，命運便已經注定好了。

我阿姨，我母親的妹妹，她家是做生意的，開一間銀樓。他們有土地也有錢。她有三個女兒，最大的長得不好看，臉上長麻子。她嫁到我們村子，也姓寧，但這家人有土有財。日子過得很平順，昨天今天沒什麼大差別。

但二女兒可長得漂亮，看起來就像畫裡頭的人一樣，簡直就挑不出毛病來。她的頭髮又黑又濃，配在頭上煞是好看。皮膚嬌嫩，白裏透紅。眉毛有如柳葉，櫻桃小口，鼻樑挺直，在眼下和鼻孔部分稍呈一點弧形。她的脚非常小，而且樣子好看。算命的人，見到這麼勻稱的體態和臉孔，除了說命好之外還能怎樣呢？

她所嫁過去的人家，公公是第一流學者。後來他老了，無法再教書。她丈夫什麼都不會，只會提著鳥籠子出去逛，以及抽鴉片。我們家的女人，全給鴉片害慘了。

我阿姨送吃的去給女兒，勉強維生，但所送不足以讓他去抽鴉片。我阿姨還得借衣服給女兒，這樣她才能回娘家。有一天，她丈夫來拜訪我阿姨，說他太太想回門一趟。阿姨說她會送衣服過去。他說這樣太麻煩了，何不讓他帶去呢？所以她就包了一包媳婦的衣服，連銀的髮髻也包進去，使她女兒經過街上時風光些。他們等了好幾天，盼她回家。最後我阿姨派人過去看看女兒是不是病了。女兒原來根本不知道這回事。他把衣服拿去當掉買鴉片。我阿姨只好去贖回來，因為衣服是媳婦的，丟失了可不好。

這位長得非常漂亮的表妹，她有兩個兒子。大兒子患痙攣症，抖個不停，小兒子則在父親死後也死掉了。她無以維生，迫得只好改嫁。

真的，我們家的女的，命運很歹。

我祖父去世時，家產由我父親和他叔叔平分。我父親破產時，他叔叔還薄有田產，但也不多。我落難的那幾年，他始終待我很好，但不足以支助我。我們彼此間關係友善，而且只要我在家，他總喜歡過來看看我。他住得離我很近。

他有一個女兒。他看到姐姐和我的婚姻都很不幸，我們的表姐妹們的婚事結局也不行，他就說他把女兒嫁出去之前，一定要將對方打聽得一清二楚。所以他把女兒嫁給對街鄰居的兒子。這個青年人是乾貨店的店員，做得還不錯。

他們結婚，後來生個女兒。那一年正是日本人來襲的一年。這個年輕人跟朋友到城牆上去看軍艦，不幸摔下來折斷了腿。他掉下來的地方不過一個人高而已，卻也斷腿。他們找了一個大夫來，大夫仔細檢查他的腿，按了他的脈，然後對他說，他不可以行房，不准吃某些東西。

我不知道他犯了那一條禁，總之他的腿越腫越大，最後必須用竹片夾住。後來找了個外國醫生，決定那條腿非鋸掉不可。以後他只得用三隻腿一跳一跳的走動。他再也不能去當店員，他跟兄弟們合開一間店，又告失敗。他們賣掉僅有的產業，搬回來和我叔公住。

他們夫婦分開了許多年，最後還能團聚一起，另外多生了兩個女兒。其中一個女兒後來被北街的道士玷汚。他們也有一個兒子。但我叔公發現要維持這麼一大家子人，頗為困難。大女兒嫁到市外的一個村子，對他們可是好事一樁。

叔公有四個兒子。全部都會氣喘，年紀輕輕就死了。

真的，這全是命。我女兒結婚時，充當她哥哥的那個男孩子，誰會料到後來發了大財呢？他身穿短襖，腰際圍著一條大繩，在飼養牛隻，那時候誰能料到後來他會蓋一棟大宅第，還娶了一個大學畢業生當繼室呢！

他父親在朋斯太太家當廚子。後來他離開朋斯太太家，自己開了一間牛奶店。他兒子替他看牛，每天牽出去吃草。我常常問他父親，為什麼不讓兒子去上學，他爸爸就會說，「喔，他太蠢了。」

後來他們搬去烟台，那個男孩在牛奶廠做工，照顧牛隻。有一個外國人——我不認識這個人——很喜歡他，他就跟著這個外國人到處買牛。他變成極為有錢。有一頭牛帶到他眼前，他就說，「這頭牛不行。」牛主就把牛牽走，第二次再牽過來讓他相，此時便夾帶一塊銀子，這頭牛就通過了。此外還有抽成。

他變成非常有錢，在烟台蓋了一棟好房子，他的元配死掉以後，他娶了一個大學畢業生。人的一生，都是命運決定的。他還在放牛的時候，誰能料到嫁這個人，會比嫁有職有業的人還好呢？

我的命不好，這點最清楚不過。我還在李家做時，人家送他們一桶烏龜，他們要我去照顧這桶烏龜。

「我怕他們會咬我。」

「哈，如果他們咬妳，那才是妳的福氣呢。他們只咬幸運的人。」夠了。我把手放到烏龜口中，他們咬都不咬。

見到麻雀走路也是好兆頭。關公見過麻雀走了三步路。但麻雀在我面前只會跳來跳去。

十六、鄰居 1902-1911

有很多年，我背上揹著一包東西，一個村子走過一個村子，一條街走過一條街。這是滿子結婚以後，我離開朋斯太太家之後的事。我賣女人家用的東西，衣服、針、線、粉、胭脂、緞帶以及許多別的東西。我也受理人家訂購一些貴重的東西，這麼貴的東西是不便帶到街上賣的。這六年之間，我踩遍蓬萊的每一條街，走過附近的每一個村落，進入三教九流各類人家的家裡。當時，做個女小販利潤很高，因為只有女人家可以進入上流而守舊的家庭。我賺的錢足夠一家人用。但我也沒有發財。

那幾年，我努力工作。但我住家裡，並且由我自己當家作主，又有很多朋友，日子過得蠻好。

每天清晨，我早早起身去採購要賣的東西，然後回家與小孩子們一道吃早飯。早飯過後，我到水城去賣東西。有時候孩子們跟著我去。水城的西門已無塔台，這是某一天下午發生爆炸把它給炸掉了。到底是守門人偷炸藥，還是乞丐在那兒生火，以至於引起爆炸，倒也沒人知道。

在蓬萊街上，一個女人家獨自走路，可不輕鬆。但現在我已不再年輕，而且向來也不漂亮，男人很少會回頭看我。何況我背上還有一包貨品。講起來是很安全的，跟我當乞丐穿破爛時幾乎沒有兩樣。

只有一次，有個男人在街上尾隨我，當時我還在替朋斯太太做。有一天，她去我以前的女主人敢死衙門那邊喝茶，我跟著去照顧小孩。去的時候，我背著小孩坐在轎裡，朋斯太太走路。回來的時候，她坐轎，我走路。

我沒什麼好衣服，所以我向信教的紀太太借外套穿。當時流行穿外套，從肩上斜披一條寬寬的帶子到前面的左下方。那天我比平常穿得好看。也許這是為什麼他會尾隨我。

我向前走，聽到有個男人叫，「哎，哎，大姐，哎，哎，大姐。」

我回頭對他說，「你認得我嗎？」

我當乞丐的那幾年，跟很多乞丐談過，以前我也見過其他人，他們跟我說話，會說認得我父親或哥哥，於是我就跟他們談。所以我問說他認不認得我。當時，良家婦女是不單獨外出的。

他同我說了許多話，我只聽得懂「隨教」。

我以為他問我是不是基督教徒，所以我說不是。他便走近一些，把話再說一遍，這次我可聽全了。原來他說的是「跟我睡覺。」

我一聽大怒，隨手撿起石頭。蓬萊的道路石頭遍地是，我撿起一塊石頭，用盡全力氣丟過去，打到他大腿，而且對他大吼，「跟你媽睡去！」這是在城的北門外的路上。我常常想，人家看到我丟石頭，不知作何感想。

但說真的，那時一個年輕的女子單獨外出，還真是危險。蓬萊是一個非常守舊的地方，比起烟台和北京，女子外出仍然是不很簡單的一件事。我孫女上中學時，有一年夏天回家，她跑去蓬萊，跟同伴想去買點東西，她們想買鞋子，沒有一間鞋店肯讓她們進去。店員擋在門口，兩臂張開，每家店都說，「我們這兒沒鞋子。」

我把男人尾隨我的事告訴友人張太太，她對我說，誰都不安全。「妳看我吧，」她說，「我長得不漂亮，年紀一大把，但仍然有個男人跟著我從教堂一路到我家。把我嚇了個半死。」

蓬萊沒有妓院。良家婦女之所以不敢單獨外出，這也是原因之一。蓬萊的人太小氣，沒有人願意付註冊費。但住在城北通莊區或石舖義區的婦女，則可以單獨外出。

人家提到一個大家都叫她老楊的女的，其實她並不老。她四處亂走，把錢用手帕包起來。她來自棲霞，棲霞地方的女人，穿白色而寬大的燈籠褲，長達膝蓋。老楊穿的一件外套長到可以蓋住膝蓋，此外就沒有再穿褲子。只要花三十個銅板，她就跟男人進房間，三個銅板她也幹。大家都笑她，她人太蠢。有一天，有個男的答應付她錢，結果反而是把她放銅板的袋子取走，人便溜了。她走遍全城哭哭啼啼。大家都笑她。

因為類似上面這種女人，一名良家婦女若要出門，便不可以穿太艷麗的衣服，她必須穿黑外套、黑裙子，臉上罩一小片黑紗，而且應該騎驢。即使這樣，她也不一定永遠安全。

一群商人在街上蕩，見到一名婦女騎驢過來。他們全都看到，這是一個婚後回娘家的新娘。在我們城裡，婚後的第三天，新娘回門，以後的九天，每天都跟親戚在一起，比如阿姨、祖母、乾媽等。在黑色的衣服下，這些商人看得見紅色的新娘服露了出來，在黑色纏脚布之下，他們看得出這雙脚又小又尖。而且她坐姿端莊。

「哈，」其中一個人說，「現在來了個好看的貨色。她年輕，我敢講一定很漂亮。看那雙小脚。我可真該同她睡。」

「跟她睡！」另一個人說，「你連碰她的脚都不敢。」

「我敢，」第三個人說。因為他看到這正是他新娶的妻子。其他人也有一些看出這正是他的妻子，從而湊熱鬧。

「你不敢。」

「我敢。我碰她脚，你們送我什麼？」

「請三桌酒席，人人有份。」

「成。」

當女的騎驢經過，做丈夫的那個男的現身走到驢子旁邊，抓著她的小脚把玩。她從黑紗瞧下來，知道那是她丈夫，也就一言不發地經過。等三桌酒席吃過以後，這個人才把真相告訴請客的主人。

關於女人守在大門內的規定，固然很嚴，但卻又有在大門佇立的風俗。每天下午近黃昏時，婦女和女孩子們就站在她們家大門外的街上，或站在大門開口處，去瞧瞧有什麼路過。我以前工作過的衙門，背後住了一個良家的女兒，但她自己不是一塊好料。她時常自己一個人站在大門口。有一天她正站在那兒，有個男的路過，很放肆地盯著她，她逃到裏頭，把大門關上，上門閂的聲音很大，故意讓他聽到。他一走開，她又輕輕地鬆開門閂朝外瞧瞧。他轉身回頭走過來，於是她又把門關上。他給惹火了，於是躲入大門旁邊的磚柱，等她出來。她一現身，他就抓住她在她面頰上咬了一口，然後跑掉。女的放聲大哭，但他早已不知去向，他們找不到這個人。

在蓬萊，有關婦道人家的風俗習慣非常嚴格，比別的地方還厲害。每個月初一、十五，女人不可以出去拜訪人家。她去拜訪人家，身子不能靠門板。她不能在門口的階梯上站，更不能坐，甚至於跨過時碰都不能碰。做這些事，會使女人家的勢力大過她所拜訪的人家，因而毀了那一家人，女子被人家認為是不乾淨的。

同理，有人患天花，女人不准在場出現。怕的是她那時剛巧不潔，或是她不久之前還跟丈夫在一道。

如果是個寡婦，那更慘。寡婦不能在家裡結婚。她必須到廟裡去，在那邊與夫家的人會面，才把她帶回新家。她嫁過去的新家，先備妥一張椅子，一把斧頭，一升高粱，裡頭埋一隻秤錘。她一進門，椅子便搖動，斧頭在空中揮舞。這是因為「椅」字的發音與「日」字同，「斧」字的發音與「福」字相同，意思就是說，「今日福到了。」然後她就用雙手捧著一升高粱，向新丈夫的祖宗磕頭。

她進去她的房間，但她丈夫第一天晚上不同她睡。第二天，他才帶著她向他的父母磕頭。此後，他才可以跟她睡。

一個黃花閨女結婚，第一天便向父母行磕頭禮，丈夫可以隨時與她同床。寡婦則不同，夫家怕寡婦進門會把他們家的福氣趕走。

蓬萊有很多小偷，我們時時都得注意。這些小偷對我下過手，甚至情況比我還差的人家，他們也偷。有一天，小偷進去一家一貧如洗的人家，這家人連鍋子都沒有，他們把鍋子從炕上挖出來拿去換吃的東西，挖掉後留下一個洞，洞內擺一隻破瓦缸，缸裏頭約有半升玉米。小偷進來以後，打開蓋子一看連鍋子都沒有，他用手向裡頭一探，發現有玉米。小偷也有他們的規矩，一旦進入屋子，絕不可空手離開。他不能用破缸子把玉米帶走，所以他就脫掉身上穿的一件新夾衣，攤在地上，開始把玉米倒在衣服上。這時，鄰居們聽到聲音，便大叫誰在裡面。這個小偷一怕趕緊跑走，反而把他的東西留在那兒。這家人回來，不但沒有損失，反而多了一件衣服。

除了小偷以外，其他惹是生非的人倒也不多。當然，壞人總是有的。但多數傷風敗德的事，大都是在大門內幹的。做生意的，靠做工生活的人，絕大部分是守規矩而正經的人。倒是住在官家衙門裡頭的人，在雄偉的大門內的人，在豪富人家深宅大院內住的人，反而可以隨心所欲的愛幹什麼就幹什麼。

我有一個朋友是棲霞人，棲霞是一個很窮的山區。他說蓬萊不比從前那麼富，原因是蓬萊被棲霞的窮人偷窮了。他這樣講，是因為蓬萊所有的大戶人家和衙門，家裡用的廚子和侍候茶水的童僕，全都來自棲霞。而這些有錢的男人和官員，把這些人當女人一樣來使喚，每個人家裡都養好幾個僕從。

有時候，人家會請我去婚禮或喪禮幫忙，這是我賺外快的機會。

有一天，他們請我去當新娘的女僕。在蓬萊，婚禮時常在晚上辦。我一向不喜歡太晚幹活。白天，工作多苦都沒關係，到了晚上，我可要睡覺。

這次婚禮，我們把新娘安頓到炕上，那時我人開始覺得不舒服。我走向門外，在跨過新房門檻時，我摔了一跤。

新郎大聲叫道，「你們隨著新娘帶進門的女僕，是個什麼種女僕？」

他這樣說，是因為他怕我在門檻上摔跤，是一個壞兆頭，因此他便對著新娘那邊的中人如此指責。

但這個中人也不干示弱，他說，「我們畢竟找了個好日子才對吧！」日子是新郎家訂的。

他們幫著我回到院子，不消一會兒我人就好了過來。這次不像在義粥站和臬台衙門那兩次，我暈死過去。

話中有鬼。有一家人，不知怎的在結婚新床上留下一把刀，新娘入門見到這把刀，她人很靈光，於是拿起刀來，在空中前砍後斬，口中唸唸有辭，「我上砍橫斬，砍斷窮筋，願年年興旺。」

真的，這一家人一年比一年興旺。

鄰居見到，說，「我們也用這個法子。」新娘帶進門，他們也在炕上留把刀。

她一見到，便說，「哈！有人要被殺頭嗎？」真的，不到一年，的確有人被殺頭。

人的運，該來的就會來，求也沒用。

家裡有鼬鼠，會帶財來。也就是說這家人好運道。我們附近住了一個陶寡婦，她有很多房子，但慢慢的一間一間沒了。她家運道走下坡時，人家見到一群一群鼬鼠往外跑。

看到好運硬搶也沒用。好運來的時候，好好把握是可以的，硬搶可不行。

有一天，我帶貨去給一家人看，這家人的女兒就要出嫁。我見過她，人並不漂亮，但長得很有肉，看起來順眼。過了一個月，我聽說她死了。她家把她賣給城裡一個有錢人當妾。他三十幾歲，本來已經有好幾個太太和妾。我不知道她為什麼自殺。有人說，大太太非常兇。有的說，是因為發現自己不過是一個妾而已，因而羞憤自盡。我不知道。我從前的女主人錢太太說得對，大廳不是一間房，妾不是人。在我們城裡，做人家的妾是很不名譽的。只有快餓死的人家，才會讓女兒去當別人的妾。此人送了四十萬錢給這家人，名義上是給他們女兒的「禮物」，四十萬錢約等於現在的四百銀圓，但那時候可以買更多東西。為了四十萬錢，他們毀了女兒的一生。她嫁過去的是一個很古怪的人家，養有七十隻貓，從來不殺任何一隻貓。

有一天，我們全都跑到街上看死人娶閨女。這是田家的女兒。他們自小訂親，還沒有把女方娶過來之前，男的便死了。女的說，她將履行婚約前往夫家。有人把這件事告訴皇上，皇上恩准女方家裡興建大理石的貞節牌坊，對她之忠於未婚夫，表示崇敬。牌坊立在一條大街上。我們就是去看她被帶往夫家的過程。她坐知府的官轎，同時隨隊帶有知縣的紅氈，以便她踏行，全城大小官員都在轎旁陪送，以示尊崇。大轎到她家迎娶時，男方的靈位放在本該由新郎坐的位置。大轎回頭走向男方家時，她用雙手捧著靈位，坐在新郎位上。此外再也沒有第二個轎子，跟通常的婚禮不一樣。她穿黑衣裳，頭上綁著黑布。因為她嫁的是一個死人，所以她是在服喪。

蓬萊還有另外一個女人家，做過同樣的事。她現在已是一個老太婆了。我們常常見到她的牌樓。從她踏進夫家的門檻，到她回娘家造訪，中間隔了六十年。這麼多年的時間，她住一間房，足不出戶。從來不准任何一個男的入她房間，連三歲的男孩都沒進去過。她定期從皇帝那兒領取犒賞，衣食無憂。

有的人真的是貞節不二，有的卻難免反悔。靠近濟南有一個女的，一聽到未婚夫去世，哭得死去活來。服喪期間，她披頭散髮，說要去夫家守節一輩子。皇上知道了，還下令建一座牌坊。但牌樓蓋到一半，她卻跟另外一個男的跑了。

每年二月，我們到先人墳前祭掃，供奉食物、菜、肉等，在土墩上插許多面旗子。如果沒有小旗子，那麼死者一定沒有後代。俗話說，「女人前襟要沾泥，祖先墳頭插紙旗，否則家族絕子孫。」

二月初二必須上墳。過了那天，任何時間都可以去。

有一天，我不太忙。我說我要到娘的墳前哭一場。娘的墳在北大丘，半山腰。我在墳前下跪，為母親飲泣。哭了一段時間，突然聽到頭上有一隻大翅膀掃過的聲音，我四面瞧瞧，什麼也沒有。我立刻收拾東西下山。我把這看做是娘不要我替她哭，從此以後再也不去。活著的人見到死人是不好的。只有強壯的人才可以這樣而活下來。

某天，我走出城門要上水城去賣東西，我碰到張昆仔騎驢進城。城門的通道很窄，地上鋪的石板也不平坦，驢背上馱的東西又寬又大，因此張昆仔一邊走一邊要注意驢子的脚步，同時向過往行人大叫，「留神，留神，留神，留神。」

我們碰頭時，我喚他，「留神？驢子可不是你在騎嗎？」

他回頭一見是我，就笑著說，「如果知道是妳，我連喊都不必喊。」

第二天早上，我到崔太太家，聽到他們在談一件離奇的死亡。我聽著，原來是張昆仔。我說怎麼可能是他，昨天我還看到他，人活得好好的。他們說就是張昆仔，他是在五更時候死的。

前一天，就是我見到他的那一天，他將一驢背的東西帶回家，卸下來。然後他決定抽空去上墳。他買了紙錢，帶著一籃食物，便出發了。張家和我們寧家一樣，有自己族人的墓園。他走近墓園時，看到許多士紳仕女在墓園內走動。他在族裡是不起眼的角色，他不想在這批貴人面前現身，於是先躲在路旁低窪的地方。他躲了一會，再偷偷看，那批人仍在那兒。他等得有點不耐煩，見到有個人從墓園那邊出來，他喚住他，說，「這些人有沒有要走的意思？」

「什麼人？」

「墓園裡的那一批人呀！」

「你發神經。」那個人說，「墓園裡頭根本沒有人。」說完便走了。

因此張昆仔遂向墓園走去，但他的頭一出路面，他看到那些人還在那裡，走來走去，全是達官貴人。他很驚訝，他對自己說，等不及這些人離開了，他就去岳母的墳前上香，他岳母不久前才去世。他到她墳上，準備磕頭，卻見她坐在自己的墳頭。

「妳在這兒幹啥？」他說，而且起身去抓她的手，但她卻消失了。

張昆仔回家上床。整個下午和晚上，他把這件事向路過的人講個不停，到了五更，他就死了。

我乾媽有個兒子在蓬萊的一間廟當和尚。有一天，乾媽來找我幫忙，因為我認得外國人，認得懂西醫的人。她兒子跟一個寡婦有染，這個寡婦跟她自己的小兒子住一起。寡婦懷孕了。因此乾媽的兒子找她幫忙。寡婦懷孕本來已經很糟糕，而由和尚來使她懷孕簡直不可思議。他母親找我幫忙設法給女的打胎。我告訴她，外國醫生不喜歡毀掉生命，即使是尚未出世的胎兒，但我知道有個老太婆會辦這種事。我們去找她，老太婆給我們一帖藥方。我們用一斤蒜、一斤乾蟋蟀，碾成膏藥，把它貼在婦人肚皮上，蓋住肚臍。她本該貼一段時間，然後才把膏藥拿開。可是她人卻睡著了，等她醒來以後，肚皮上反而起了個與膏藥一般大的水泡。現在可好了，她肚子裡頭有小孩，肚子外頭起水泡。她不能穿原來的衣服，這時正好找到理由可以向鄰居們說。後來情形怎麼樣，我不清楚。這件事對她當然很為難，因為大家認為她是一個守節的寡婦，所以才捐錢來濟助她維持生活。

我有很多鄰居，窮人鄰居多。

在我之前，朋斯太太請了一個阿媽照顧她女兒，這個人叫魏大嫂。她有一個毛病，說來還真曲折。她做工的時候，人好端端的，但回到家以後，她總是跟媳婦爭吵，毛病就發了。她住的地方離我很近。

她會大叫，說她是狐官，大家必須向她燒香；或者說她是黃花閨女，而且猛打自己的臉。她說她是狐仙時，兩隻手便緊緊握住好像狐狸的爪子。她兒子請求她鬆開手指，但她說她辦不到。她力氣大得很，從炕上一跳，跳得非常高，而且叫聲極大，我們全都給嚇住了。她還拿刀扎自己。那時候我身子也很壯，我試著去抱她，卻抱不住。她又蹦又跳，我們全嚇呆了。於是我們便跑開，跑的時候穿過院子，有一個駝背的老太婆正在扇火好煮飯，由於駝背所以身子本來就矮，她坐在火爐旁邊的地上，向前傾著身子去看火，人就更矮了。她沒看見我們跑過來。我們跑，魏大嫂在後面追，一頭撞到這個老太婆，我一邊跑一邊還看到她躺在地上四肢朝天。但我們怕得很，繼續跑。

魏大嫂的丈夫是個石匠。她喜歡他，但他們倆誰都不知道這個毛病什麼時候會犯。這種毛病，我們不知道有什麼法子可治。在鄉下，如果小孩子被鬼魂附身，或是被狐仙、鼠怪附身，便找道姑來化解。道姑坐著，猛力吸氣，直到身子僵硬，或者滿地打滾有如打拳，或是猛向上跳。我不信道姑這一套。她們根本沒有法力。院子裡頭的人痛罵她們，或說她們的壞話，她們並不知道。這些人不過是沒有廉恥的女人罷了。

我們隔道牆有個鄰居，名叫秦陽坤。他的弟媳在夜裡死掉。他家有四個人到土地廟去祭告死訊。死者的兒子當孝子，舅子帶香和紙錢去燒，鄰居提燈籠，秦陽坤自己捧著一碗稀飯灑在廟門前的地上，這樣死者的亡魂在升西天的路上才有東西吃。

由於已是深夜，他們不想吵醒老道士，所以祭禮是在廟門口辦的。他們在燒紙錢時，廟門開了，出來一個人，身穿白衣，款式就像老古朝代大家全穿白的一樣，頭上戴著一項高帽子，有時候唱戲的也戴這種帽子。他出來把紙錢紙灰一掃全就進入他腰帶上的口袋，人又回到廟裡頭。

兩個人見到他，另外兩個沒看見。看到他的人不到一百天，也都死了。

我養了一隻小花狗。他太小了，春情季節便像瘋的一樣。他跑到外頭兩天，回家來氣得不得了。因為他太短小，不能跟大母狗交配。他去抓滿子的足踝，我撿起一塊石頭趕他走。他無法跟母狗交配，於是去攻擊一條豬，想跟豬交配，還去咬人。鄰居抓起石頭把狗給打死。大家還議論個半天，這條豬是否也該打死，甚至花點錢，大家商量一陣想出個補救辦法。他們撕裂豬耳朵，讓它流血，然後給豬喝豆油，用豆油擦豬耳朵。這條豬後來好轉過來。

對著院子的另一邊住的是郭大娘，她總是叫我信耶蘇。她是女教徒，挨家挨戶去傳教。傳教士每個月付她三千錢。她對我說，「妳應該信上帝，感謝祂的恩典。妳看看妳的脚和手，又好又壯，這是上帝賜給妳的。妳不該感恩嗎？」

我答說，「妳沒有信上帝以前，妳的手脚不是跟現在一樣好嗎？」

她只有一個兒子，很不成材。常常跟她吵，抽鴉片，不愛工作。他們吃高粱做的饅頭，黑黑的，硬硬的。坐在餐桌上，她要兒子低頭一起禱告，感謝上帝給了他們吃的。然後才拿起饅頭開始咬。這時他便開罵，「妳的上帝替我們做了什麼？」她就乘機說教。

有一天，有人來敲門。原來有人請她兒子去磨坊做一天工。老太婆雙膝下跪，感謝上帝的恩賜。像這樣的老太婆，你能怎樣？她信不信耶穌，人家難道就不來找個幫手嗎？有一次傳教時，她對一個男的大發脾氣，說，「如果你上天堂，我會爬梯子上去扯你的腿，拉你下來。」

有人問一個男的為什麼進教堂。

「好領一片玉米饅頭吃。」

我的確同情沒東西吃的人。從來沒餓過肚皮的人，是不知道其中的痛苦的。

有一位很有錢的青年人，不讓傭人有足夠的時間吃飯。總是要求傭人隨侍他身邊。他們說肚子餓，想去吃點東西，他便說，「你餓不餓有什麼關係？多陪我一會兒。」

最後，他們決定給他一點教訓。他們帶他去廟會，不帶任何食物和現金，四處瀏覽光景，每次他說該回家了，他們就說別處還有好看的。所以他們設法一直留住他，即使早已過了吃飯的時間，他們仍然帶他四處逛。沒有一個人帶吃的來，而他也不知道該怎麼弄東西來吃，因為向來都是人家端來給他吃。最後他說，「我病了，我病得很嚴重，快要死了。」

他們說，「你覺得怎樣？」

他說，「我渾身不舒服，肚子很痛，好像什麼東西在咬一樣，以前從來沒有這樣做過。」

於是他們帶他回家，給他食物，他才又站起來，好了。

「這就是餓肚子，」他們告訴他。此後他對待下人便體貼多了。

孫太太是另一位女教徒，她住的地方跟我隔一道牆。她每月領三千錢，她丈夫四千錢。他替朋斯先生寫中國字。現在他們的兒子每個月賺四、五百塊大洋。但那時候他們非常窮。

孫先生晚上回來以後，脫掉長袍，抓起磨來推，替自己家裡碾穀子，人家請他代碾也幹。她把玉米粉拿來和冷水一起和，蒸玉米饅頭時鍋旁流出來的水，便取來喝。和玉米粉時，她不肯燒熱水做。後來他成為知縣。

孫先生是一個非常討喜的人。新年和過節遍訪親友時，他也領著兒子到我家來，向我們祝賀，雖然我們家窮得很。

他們家住的房子，以前是妓女住的。有一天，來了個男的想找妓女，卻見到孫太太。他攜一隻鳥、一把扇子。問他所為何來，他說，「登門拜訪。」所以她就說，「你歇會兒，我去泡茶。」孫太太支使一個兒子去找他們的爹。他一回來，立刻把門關上，把那個人揍一頓。事後他們認為，這個人一定是小偷。

另外一個女教徒叫朱夫人。她總是對我說，「信主，妳才會上天堂。不信，會下地獄。」她說天堂真美，滿街黃金；地獄最可怕，全是大火和毒蟲。我的小兒子說，「朱夫人好捧呀！她去過天堂，也去過地獄。」小孩子的心思就是這個樣子。

有人說，天堂裡頭每個人都有一頂皇冠。因為每次使一個人改信上帝，皇冠上便添一顆珠寶。沒有珠寶，你便不能在這些貴人聚會中有一席之地。是不是因為這樣，所以他們才急著要人改信上帝？

大部分傳教的人和改信上帝的人，講的就是這種無聊的話，我都能夠對付。我丈夫去世，鍾斯太太求我相信天父，白天我偶爾會替她做些針線工作。我說，「我本來就相信。我們中國人也信他，還在廟裡和家裡燒香給他。但我不能參加你們的教會。」她問我理由是什麼。

我說，「有三個理由。第一，我無法遵守安息日的規矩，我每天都得做工，才有得吃。」

「妳做一天買賣能賺多少？」她問。

我心理想，她說不定要給我一天工錢，因此我便可以上教堂。我趕快說，「你們信的教，必須說真話。我辦不到。做生意，我們不能說實話。我總是說假。如果我用三錢買一樣東西，我得說是花了四錢買的。我得有利潤。如果不告訴他們我是照本錢賣，誰會買呢？」如此這般，我便能夠講贏他們。

但我可講不贏房東張太太。她比別的女教徒聰明，而且受過比較高的教育。她說重要的是你的心地怎麼樣？你的一生所做所為怎麼樣？她說，如果一個人心地不好，即使信了教，仍然沒有用。我相信她說的話，但看不出為什麼必須改變我的宗教而去受洗。我身邊有的人受過洗，有的沒有，我看不出他們的品行有什麼不同。受洗的人均向教會領錢，其他人則否，我所見到的就是這點不同。

蓬萊市、縣都很守舊。雖然設立了教會，但有住有吃的人均不參加教會。教會的會友絕大多數來自貧窮地區，像黃縣、棲霞、集密等山區地方。收成不好，沒有東西吃，信教是很方便的。

基督教的教義道理是很好的。但號稱教友的人卻不身體力行，他們說的是一回事，做的又是另一回事。來生，我們又知道多少呢？中國人的宗教所許諾的跟基督教一樣好，我們那知道誰對呢？

張太太同她丈夫、子女從鄉下初來時，一無所有。她替傳教士們辦個小學校，每月領三千錢，他則在學校教中國話，每個月六千錢。他受過良好的中國傳統教育，但真正精明能幹的是她。她知道怎麼計劃怎麼打理。她一層一層地把家庭的生活向上提高，現在她老了，但靠那許多房租地租，早已不愁衣食。她女兒嫁得很好，她兒子在鐵路機構擔任高職。她丈夫退休前是烟台大學的教授，這全靠她精打細算善於經營。而且她人心地好，做事認真。一有點錢，她就買一小塊地，當時地價便宜，或者買一棟破房子，當時房價也便宜。

我向她租了一間房，在那十年間，眼看她的產業不斷增加。這是一個銅板一個銅板積起來的。頭幾年，她根本不讓女兒吃乾的饅頭，只吃稀飯，三餐如此。新年才給每個女兒一只白饅頭，一只而已。身上穿的衣服全是縫縫補補，從來不買有襯裡的衣服。但在我離開蓬萊之前，她家穀倉裡頭放的米穀已經頂到天花板了。一有客人來，總有小麥饅頭和肉類招待人家。

她一步一步地往上爬。她的為人總是和氣而公道。我搬往烟台以後，曾經回去蓬萊在她家住了一星期。不過論起被人敬愛這一點，則她又不如藍太太。

藍太太也傳教，替傳教士經管一間學校。她丈夫是一間鄉下教堂的牧師，因為許多人抱怨，而被拉下來。藍太太脾氣太古怪了，倒不是脾氣壞，而是古怪。她真是一個好心腸的女人。如果她喜歡一個人，天底下沒有什麼她不能替她做的。但一旦她嫉妒某一個人，則她會不顧一切去毀掉他。她教書每個月領三千錢，他替傳教士住的地區看守大門，每月領四千錢。在靠大門的地方，給幾間房讓他們住。

藍太太比張太太腦筋還好，但總是把自己辛苦建立起來的東西一手摧毀。現在她跟兒子一道住，她兒子在烟台紗廠擔任重要職位，但她不像張太太，她沒有自己的銀子可花。

頭一次見到藍先生，我嚇了一跳。我以為看到一個魔鬼。他的頭髮沒有好好梳理，黑黑的髮絲繞在臉上，大鼻大嘴，好像戲台上的鬼怪。我去傳教士區的時候，他替我開大門。他是一個講道理的人，凡事依理而行。藍先生同我舅舅相好，晚上常來聊天。我舅舅則喜歡來我家。這樣的夜晚真是快樂，我們大家無所不談。

藍家抵蓬萊的第一年冬天，苦得很，有時還餓肚子。有一天，我發現他們沒東西吃，於是我把手頭所有的錢拿去買十隻饅頭給他們，藍太太永遠不會忘記這十隻饅頭。

十七、烟台 1911-1921

我女兒在廿八歲以前，是一個很乖的女孩。她說的每一句話，都是老實話。我叫她做什麼，她就做什麼。我人整天在外頭，她爸爸在世時，她一向很好很穩當。我丈夫去世之前的那幾年，他人很安靜而且有條理。但他過世以後，女兒的丈夫出走再也不回來以後，她從大雜院的鄰居那兒學壞了。

窮人家必須有好鄰居，這點很重要，因為大家住得這麼近。我人必須成天在外，因此需要有人跟我女兒和小孩子們在一道。我清早出去辦貨，然後回家吃早餐。之後我便出去賣東西，非到晚上是回不了家的。

我女兒一向很好，很聽我的話。但現在卻常常怪我，認為我害了她的一生。我們院子裡新來的鄰居跟我女兒很要好。這個女的臉上塗得很濃艷，頭髮剪到太陽穴上方，梳成一條一條的瀏海。整天跟我女兒講些尋歡作樂的事兒。她講起話、笑起來都很迷人，但她不是個好人，她跟我女兒講的事情不是好事。

有一天，我回到家，發現女兒也把前面的頭髮剪成同樣高低不齊的瀏海，我大為生氣。我一把抓住瀏海，說要全部拉掉，我說只有淫婦才梳瀏海。正經的女人把頭髮向後直梳，有條有理。我女兒回嘴說，她是已婚的婦女，不必事事聽我的。這是她頭一次對我頂嘴。

我女兒略通文墨，因此由她替我管帳。現在她不肯一五一十地記帳，開始用我的錢去買東西，而且還說我不讓她快樂。真的，好鄰居是重要。

我極不高興，向天地祝禱，希望我的罪過只及我身，千萬不要禍延子女。

我決定前往烟台。李臬台—我以前的主人—的弟弟三大爺住在烟台。藍太太也在前一年搬去烟台，她丈夫已去世，她在烟台的教會學校教書。丁斯特太太的姪女威爾遜太太，她是在我替朋斯太太工作時成婚的，也住烟台，她是我的朋友，一向對我不錯。我去烟台換一個新地方，我想看看新生活對我女兒會有什麼影響。我去過烟台兩次，對它並不全然陌生。

那年五月正是我女兒廿八歲，我去了烟台，乘船去的。我踏上碼頭，四顧茫茫。只知道傳教士們住在小山丘上。威爾遜太太就住那兒，所以我去找她。她待我極好。有一位傳教士的廚子跟他老婆住在後院。威爾遜太太安排我當天晚上跟這對夫婦合住合吃。第二天我到東邊海濱藍太太那兒，我待了大約一個月之久，一面設法找工作。藍太太幫我找，威爾遜太太替我寫一封信去見米立根太太，她是英國人，在烟台開紗廠，我在工廠裡給自已和女兒找了個工作。我派人去把女兒接來，我到烟台十天後她也到了。我們倆個都在米立根太太的紗廠做工，每天工錢四十分。革命以後，錢改成用銀元和分來計算，但我賺的錢所能買的東西，和領銅板時差不多一樣。我們在藍太太住的村子租了一間房，開始新生活。

人生如棋。老天定好的路子非走不可，命運是不能勉強的，一勉強麻煩就來了。

我女兒又改好了，好了幾年。

我追隨朋斯太太到烟台那次，我曾設法找三大爺，李臬台的弟弟，沒有找著。我沒有時間好好去找。我搬來烟台，時間比較多，終於找到了他。他生活優裕，房子體面，但家裡的傭人已經夠多了，我幹麼去搶人家的飯碗呢？何況我跟他家本來也不熟。所以我始終沒有替他做。

有一天，我在米立根太太的紗廠工作，她派人找我去，對我說，「妳可不是個寡婦嗎？」我說是的。

「從來不想再嫁人嗎？」

我說，「我有差事好忙，自己可以維持，為什麼要添個人呢？」

然後她對我說，潘牧師的太太過世，他有許多小小孩，有意找個能幹的女士結婚，以便照顧他們。我說我不能毀了兩個家庭，這是指我和女兒兩家，而去照顧他一家。她說他是男人，有能力養我，他有土地和房子，職位很好。我說如果我有這個念頭，我就不會離開蓬萊。

米立根太太一聽臉都紅了。

回家的路上，我越想這件事，越覺得可行。嫁給他，日子輕鬆而舒服，不必再苦苦掙扎下去。但我不能這樣做。我不願丟下女兒和她的兩個小孩不管，當時我們不知道她丈夫是死是活。我也不願丟下我小兒子不管。我不是妓女，我不能只圖自己的享受和安逸。我必須為自己的小孩和孫兒們的前途著想。

他們告訴我，史特布太太所管理的傳教大樓，這是一間濱海供傳教士度假的房子，需要一個阿媽。於是我便去那邊工作。阿媽的屋子很大一間，史特布太太說儘管帶著三個小孩來好了，她不介意。當時我女兒替彭特太太照顧小小孩，因為日夜都要照顧，她住在女主人家，所以我把她兩個女兒和我兒子一起帶過來。傳教大樓供傭人作息的地方很大，院子也很大；大樓座落在山丘上。我想這個地方對我們一家大小都很合適。

新年期間，三個小孩全染上天花，孫女淑德最先得病。我去跟史特布太太講，她說因為大樓還有別的客人，我必須把生病的小孩帶走，但我的工錢照給。我用棉被把小孩包起來，用人力車把淑德送去我在村子裡租的房間，另外兩個小孩也帶過去。房間裡只有一床棉被，我就用這條被子蓋三個小孩。為了讓他們發汗，使天花跑出來，我在炕下生火。我把淑德放上床，用力把她壓在熱床上，好讓熱氣生效，她大哭，我以為她是因病而哭，那曉得卻在她屁股上燒了個大塊，直到今天疤痕都還在。

三個都生病，淑德最嚴重。我以為她會死掉。但藍太太過來幫我忙，她抓一隻公雞來，扯裂雞冠，讓雞血流到盛有燙酒的碗裡頭，交給小孩子喝。這救了他們的命。她還帶來一塊紅布掛在通道，免得小孩們受驚。幸好小孩子們沒有驚風，因為我們太窮，連一小塊黃金都買不起，小孩驚風要煮金水來喝的。

那時藍太太來幫我忙，實在太好了。照習俗，外面的婦人是不便走進患天花的人身邊的。如果她當時身子不乾淨，或不久前才跟丈夫同床，會對小孩有害。但藍太太想幫我忙，而且相信我。她知道即使小孩子有所不幸，我也不會怪她。

他們都是乖小孩，但全病了。這個討要喝水，接著那個也要。他們老是吵著要喝水，然後就要尿壺。為了照顧他們，我忙得不眠不休。而且我看到他們這個樣子，自己也忍不住哭。「我要喝水，我要喝水。」因為我趕不及，小孩子便大哭。

「不要哭，」我兒子說，「妳沒看到媽媽忙著給妳倒水，她自己也哭了嗎？」他們一起長大，他太小，不知道我是他媽媽，但卻是她們的祖母。但他這麼善體人意，總是使我內心快慰。

在傳教大樓做過以後，我改到學校去做，傳教士的女兒們在這間學校受教育。我替她們縫補衣服襪子。我可以白天工作，晚上回家照顧我的小孩。我女兒仍然替朋特太太照顧小孩，我們的三個孩子去傳教士辦的學校上學，所以一天裡面至少有段時間有人照顧。但我很擔心，因為在我回家以前，每天還是有好幾個小時，他們在街上亂跑。我的屋子必須上鎖，不能敞開。但我也不能把鑰匙交給小孩，他們還太小。

後來，有一個傳教士看淑德是個可造之材，她也大了，不該在街頭亂跑，於是把她帶去學校住宿，不必花我一文錢。我的擔心才減輕。

我在蓬萊時，就聽到人家談革命的事。我到烟台不久，革命終於爆發。警察站在街角，把男人的辮子剪掉。後來下令，為了民國，大家得剪掉辮子。我兒子怕得要命，躲在長滿大

寧老太太和她的家族

本書女主角寧老太太（圖片右坐者）與她的女兒。其外孫女淑德站在背後，兒子坐在膝前，旁邊是她的另一個外孫女。

寧老太太暇時關心美國的時事。

高粱的田裡。我自己剪掉他的辮子，他不過是個孩子而已。如果他被抓到，送進警察局，他會嚇死。

有一個老頭上當鋪，被逮到後辮子給剪掉了，他手上拿著小小的辮子，一路哭。他哭道，「他們剪了我的辮子，他們剪了我的辮子。」他說他們從他身上取走八塊錢，事先有人給了他八塊錢。他手上拿的是小小一條辮子，替他賺了八塊錢，我不相信警察會從他身上取走這麼多錢。

剪辮子在過去是很嚴重的事，會帶來厄運。辮子剪掉，意思是指這個人的命運就跟和尚尼姑一樣淒慘。

從前有一個女的，她丈夫犯罪要被劊子手砍頭。她趕去刑場，雙手抱住他，擋住劊子手，求他放過丈夫一命。

「但他犯的是死罪，非砍頭不可。」他們告訴她。

「我這一生什麼都沒有，只除了我們之間的恩愛。至少留個辮子給我做為紀念。」她說。用刑的人聽不出她話中有話，於是斬斷辮子交給她。

隨後她把丈夫抱得更緊，說，「你不能殺他。你不能再殺他。他的罪只可以斬一次頭，你不能連斬兩次。」因此，她便救了丈夫一命。他在牢裡關了幾年，但命卻保住了。

後來，藍太太給我找了個地方讓我去照顧一個外國人的嬰兒。雅德禮太太要我住進她家。現在我女兒晚上可以回家了，所以我便離開她和孩子們而去跟雅德禮太太住。

就是我替雅德禮太太做的那段期間，我再次聽到我那被賣掉的女兒的消息。威海衛有個年輕人常到我兒子朋友工作的店裡辦貨，我兒子的朋友對他說，「你可不是某某人的丈夫嗎？寧太太可不就是你妻子的母親嗎？」

兒子的朋友跑來見我，跟我提起這件事。於是我到店裡去會這位青年人。我身上穿的是幹粗活的衣服，我向來是這個樣子。他從威海衛帶了幾籃水果當禮物送我。他人很體面，和我談起女兒的種種。從我丈夫手上買走女兒的這一家人，待我女兒很好。他們教她怎麼刺繡，大約在她十五、六歲不太大的年紀就把她嫁了。因為她有一個女兒，跟我大女兒的大小孩年齡相近。她嫁給離威海衛不遠永成鎮的一戶商家。這位青年人，也就是她的丈夫，曾經讀書應考過，可惜沒上榜，於是便在家鄉開一間店，賣些小鎮地方的人要用的東西。日子過得很好。

她丈夫每次來烟台辦貨，多半會來看我。他總是說我該去看我女兒。但我不便走這麼遠的一趟路。

有一年夏天，雅德禮太太去威海衛避暑，帶著我一道去。我寫信去給女兒，告訴她我人在威海衛。他們回了我一封信，說他們忙得很。也不說我該去或不該去，但接了這麼一封信，我還能去看她嗎？我不過是一個幫傭的人，身上穿著傭人的服裝，我沒有錢買整潔的衣服。

第二年夏天，我女兒染上霍亂死了。她的「阿姨」，那位買我女兒的官家太太，託那位青年人捎個口信給我，說她自已也快死了。她說他們對我女兒已盡了力，請我節哀。這個青年人，我女兒的丈夫，由於未能讓我們母女會面，自責不已。因此，我再也沒有見到我女兒。

夏天晚上，我們常去海邊納涼，看漁夫們收網。如果我身邊有錢，只要花點小錢便可以買到新鮮的魚。有一天晚上，住在蓬蓆內的七名漁夫被雷打中，有五個人死掉，兩個活了下來。被雷劈死乃是罪大惡極的象徵，老天所給的最惡劣的懲罰。

從我還是五、六歲的小孩子開始，我便一直怕打雷。我家有一片菜園，我哥哥要去園子採菜，叫我跟去幫忙。天上的雲密佈，開始打雷，但他叫我等他一下，拔完蕪菁再走。我們回頭走向屋子，我肩上扛著一把鋤頭。突然之間雷聲轟隆，電光在我脚跟前一閃，有一團火便在我面前滾。我怕極了，蹲在地上動都不敢動。從那以後，我聽到打雷就怕。

過不多久，我開始聽到一些閒話。我的朋友告訴我，應該注意我女兒。從人們看我的眼神表情，我知道一定出了什麼差錯，可能跟男人有關。有一個星期天，我回到家進屋時，有個男人從炕上起身。他本來四肢朝天仰臥在床上。小孩子也全在屋裡，淑德那天恰好從學校宿舍回來。另一個孫女太小，不知道這種事體，我兒子也在。

我說，「妳不可以讓那個男的睡我床上。」由於孩子們在場，我不便多說。但淑德回學校，小的孫女出去玩，我就大罵女兒。男的見我臉上怒氣沖沖，人先走了。我用雙手打她，她握住我的手腕抗拒我。我氣得不得了，一怒之下，就回自己工作的地方。

後來我的朋友藍太太來了，請求我息怒。她說了許多話，「一桶潑出去的水，一個嫁出去的女兒，都是收不回來的。」她慫恿我把女兒忘掉，讓她走自己的路。我聽她的話，把兒子接來同我一道住。

我住在雅德禮太太家前門階旁的一間大屋子，兒子跟我一起住，我很開心。這棟房子建在山丘上，附近只有另外一棟房子，那是一對年輕的史帝文斯夫婦住的地方。

史帝文斯家的廚子上吊自殺。平常我坐在屋子裡縫補衣服，每天都會看他買菜回來。有一天早上沒見到他，人家都說他死了。雅德禮先生過去看看，回來後說那個男的投環自盡了。他不過是個大男孩而已，只有十八、九歲，他跟他嫂子有染，她不是個好女人，可能他哥哥逮到他們，打他一頓，因此他便上吊自殺。

我們覺得他的亡魂常常回來。傭人們很怕晚上出去。他們說有個穿白衣的男人在走路。我從來沒見過。但有一天來了一個醉漢，在屋子下邊的小路上跌跤，而且大吼大叫。雅德禮先生出去請他不要大叫，怕會吵醒小孩子。那個醉漢說有個穿白短襖的男人拿石頭丟他。

有人上吊自殺，最好不要去看。這樣死掉的人，他的亡魂會在附近勾留，伺機誘惑別人去死，好使自己超生。我們都很謹慎，不要被這類亡魂給抓到。

有一次我親眼看到上吊自殺的男人。我和兒子到烟台市集去雇一頭驢。我想回蓬萊一趟看朋友。張太太的姪女也想跟我們一道走。在往烟台市集的路上，我們經過一個很有錢用圍牆圍起來的村子—濟山朔，在外國人沒有來、尚未通商以前，這個村子就已經有了。我們聽到打銅鑼的聲音，我們說，「回來時我們去看戲。」

在回來的路上，我兒子突然說，「媽媽，媽媽，那裡有一個上吊自殺的鬼。」

我不信他的話，說，「城裡頭這麼熱鬧的一個地方，那有這回事?」

他指給我看，真有這麼一個男的，吊在牆上，頸上繞有繩索，一頭綁在樹上。這是很奇怪的自殺方式。男的雙膝頂到地，身子掛在繩上前傾，似乎不夠地方上吊，那棵樹也很小。在我看來，他是被人殺死以後放到那兒的。我們可不知道。那天我們不想去看戲了，反正戲也是在人家私宅演的。

烟台有好幾個地方，我每次經過都會害怕。北丘上的海關大樓、日本領事館，我一經過人就害怕。我不知道為什麼，反正怕就是怕。

在蓬萊，我經過戚家牌樓也會害怕。但那可是有個理由的，我知道原因何在。戚老太太，戚將軍的母親，乃是一個脾氣極壞的女人家，殺了許多女婢，把別人折磨得不成人形，使不少人因此自盡。這些人的亡靈還圍著牌樓陰魂不散。蓋這座牌樓的刻石匠也是如此，戚老太太把石匠給殺了，免得他們再為別人蓋一座同樣好的牌樓。

我在威海衛的夏天，我的房間跟主人住的屋子離得很遠，是在小山谷邊邊，整個晚上聲音吵得很，我無法入睡。我越是翻來覆去，聲音越吵，裂掉的聲音，破掉的聲音，石頭滾來滾去的聲音。我蓋破三床棉被，但什麼也沒看到。

最近幾年，我又有一次驚嚇。我借錢給一個在海濱種菜的男的，他也是蓬萊人，我們常常一起聊天。他賣掉菜園，住在山脚下的村子。一天下午，我和兒子去收錢，幸好兒子同我一道。我們路過一口井，有人說有個男的在這裡投井自殺，也有人說是先被人殺死才丟進井裡。然後穿過一個路口，我一向很怕經過這裡。天已晚了，黑夜來臨。我回到家時，媳婦美雲坐在坑上做針線。她挺了個大肚子。針線做呀做的，她人突然倒在床上昏了過去。我怕極了。我自言自語的說，「我真把邪氣帶回家了嗎？」不過美雲懷孕五、六個月時，老是容易昏倒。後來我們知道這點，只要讓她躺一段時間，很快就會過去。

濟山朔是一個很有錢的村子，居民頗為自豪。我們時常聽人提起村子裡住的兩個老女人。

他們是雙胞胎，父母鍾愛得不得了，不肯替她們找婆家。「她們是雙胞胎，何必拆散她們。我們的家產足夠留她們在家住。我們沒有兒子，我們過世以後，全部財產留給她們。」所以這對姐妹便一道住在自己家的產業。

在窮人家，未婚的女兒有了孩子，家裡會盡力而為。他們會設法給女兒找個男的，至於小孩則誰要就送誰。但在濟山朔，他們還是守著古法，由父親親手殺死女兒。人家說在濟山朔有一個女的懷了孕，她父親把她帶到烟台後邊的山丘給活埋了。他開始挖洞，挖了一整天，似乎挖來挖去都不滿意，內心一直希望有人過來問他挖洞做什麼用，然後他就把女兒送給他，好救女兒一命。最後到了晚上，仍然沒有人來。所以他便說，「顯然妳的命不太好。妳的命保不住。」於是把她活埋。

這個故事說明濟山朔的人是多麼守舊，多麼愛面子。我不知道這個故事是真是假，我自己和我認識的人沒有一個親眼看到。我從來沒見過一個父親殺死自己的女兒，但未婚女子而有小孩的例子可不止一個。

有一年，靠近烟台的谷地有一條河，河裏頭有一條蛇。人們說這是神來顯靈，河水可以治病。有許多人去，賣香的人乘機大賺一筆，所擺的攤子長達半里。河兩旁的樹上掛滿黃布條，以示謝恩，上面寫著「有求必應」。

我女兒去了。雅德禮太太的廚子叫年仔的，帶著我兒子去看。那天好像是什麼喜慶節日似的。我可沒去。你信，那麼去是好的；你不信，去也沒用。我不信這套。每個人所得到的不過是一瓶泥漿而已。

我兒子在教會學校讀書。後來有一個新規定，以前一切免費，現在學英文則每學期要交兩塊銀元。我心裡盤算著要不要讓他學英文。我存了大約有一百塊銀元，但我想留著當老本，以便將來做生意，或有急事發生時備用。也許我該用這些錢讓他去學英文，那麼他現在可能會當老師，我們的日子會更好過。有一年他閒著找不到工作，最後這些錢還是花光光。但我那時很害怕，想留住這筆錢。我女兒一個月賺十五元。那時候在烟台，這樣的收入是不賴的。我帶她的孩子，她沒有什麼花費。我去她那兒問她，「讓你弟弟學英文，妳覺得怎樣？」

「為什麼不讓他學呢？」

「學費漲價了，我怕錢不夠。」

「既然這麼說，妳怎麼打算呢？」

「這就是為什麼我來找妳商量。」

「這跟我什麼關係？」我說我來找她，因為她是我女兒。我心裏頭非常生氣地離開了。為了這幾句話，從此以後彼此的關係更糟。

那時候有一部分學費也到期了。管學校的傳教士對我說，明天以前要把錢交齊。窮人手頭那有可能隨時有錢呢？我更加生氣。所以當雅德禮太太說他丈夫的辦公室有缺，我叫我兒子去做，不必再上學了。或許我錯了，毀了兒子的前程。但那時候這樣做可能是對的。

我替雅德禮太太做了五年。她個性很好。她替我兒子在她丈夫任職的海關找了個差事，這點我是永遠心存感激的。也許她認為替我兒子找到一份工作，很對得起我了，因此她調高其他傭人的工錢時，並沒有調高我的工資，這點我很不高興。我替她做，工資不錯，工作也不太苦。

我之所以離開她是這樣的。有一天，男僕在木頭地板上打蠟，並且在上頭放了紙讓我們走路。雅德禮太太到樓下去，我雙手抱著小孩隨她下樓，小心翼翼地只踩有放紙的地方。後來不知道是誰進來，不小心踩到木頭地板，而且脚板痕跡可見。雅德禮太太回來看到，大為生氣。她派人找我去，罵我一頓，說地板剛打好蠟隨便踩是不對的。我對她講那不是我，我跟著她出去，剛剛才回來。但她說地板上的脚印是尖的，一定是我。我說有個男僕也穿尖鞋。後來她對瑞德太太說，從來沒見過一個阿媽這樣頂她嘴。隨後我跟那個男僕吵起來，告訴他是他的錯。

另外一次是我人在屋子後院，雅德禮太太匆匆忙忙跑出來對我說我做錯一些事。我告訴她我沒有做錯，但她怒氣未消。於是她進去屋子裡，責備廚子說喝茶的時間到了，連滾水都還沒準備好，於是她自己拿起火鉗來撥火。他對她說，「妳不可以撥火。我正在烘焙，爐子裏擺著蛋糕，妳去一撥，蛋糕會掉下來。」他用了不太禮貌的「妳」字。

「你跟我說話，不可以『妳』、『妳』。」

「我是沒受教育的鄉下人。總是說『妳』。」

她一聽當場打他一個耳光。他抓住她的手緊緊握著。

我走向他們說，「這是幹麼？你幹麼抓住女主人！」

「我鬆開的話，她會打我。」我拉住雅德禮太太，另一個苦力拉廚子，設法分開他們。廚子收拾他的東西離開了，就在做飯的當兒離開的。他能怎樣呢？他並不打算離開，但她不給他另外一條路走。他是一個好廚子，從來沒看過像他這麼好的廚子。他非常愛乾淨，每天擦洗廚房。買菜時所中飽的錢也很少。他還是捲鋪蓋走了。

後來的廚子，知道怎樣應付雅德禮太太。不管她說什麼，總是笑嘻嘻地說「是的，是的」，然後仍舊照他的法子去做。

從許多方面來說，她都是個好主人，但她不知道怎樣稱呼我們才得體。她對我們講話時，是用對賣身傭人的口氣講的。

我會對她說，「我們不是賣身的傭人，好像中國人過去花錢買來的傭人。我們是被雇用的，來去自由。」但她老是用對賣身傭人的口氣跟我們說話。

而且她一向喜新厭舊。照中國人的說法，大家相處越久，感情越深厚，是好是壞且不說它。在中國人的家庭，傭人做久了好像就成了家裡的一員，說的話有他的份量，有時甚至可以代表這個家發言。但她向來只看重新人。

有工人來裝紗窗或修水管，她會親自送上一盤蛋糕。一開始時，她若喝茶，我一定有茶喝。後來，「縫紉阿媽」來了，那時已有三個小孩，我沒空做針線，她便忘掉我。喝茶時間到了，「阿媽，帶孩子去海邊。」外面熱得很，我們大可以晚點去。我帶著孩子走了。縫紉阿媽是我朋友。我回來時，我看到雅德禮太太擺著一塊蛋糕給我，但我不肯吃。

「妳為什麼不喝茶？」她說。

「我是中國人。我一向不喜歡你們的茶，但我是妳的傭人，不便對妳說。我只好喝了。我們有一句話說，『長者賜，少者不敢辭。』」她的臉紅得很。

其實，她心目中已另有阿媽人選。後來我看得很清楚。她在威海衛有個朋友回英國去，她想用她朋友的阿媽。於是，我的毛病便多起來了。

「阿媽，妳照顧我小孩的時候，不可以穿那樣髒的衣服。」

「我很窮，沒錢買衣服。」我說。「有什麼，穿什麼。」既然是照顧小孩子，那有可能衣服的前半不被弄濕呢？這麼多年來，她都沒有挑我衣服的毛病。所以我了解她的意思。

我進她房間對她說，「雅德禮夫人，妳心中是否另外有人，所以老挑我毛病？先是地板打蠟的事，然後是我的衣服。我想妳最好付完工資讓我走。」

她付清欠我的工資，我就走了。我想兒子的工作也非丟不可。但雅德禮先生沒有辭掉他。要不是雅德禮先生請假回英國，他辦公室的中國主管想替他姪兒找個差事，我兒子可能還好端端地在那兒做。雅德禮先生回來以後，也沒有設法叫我兒子回去。他沒有必要這樣做。說來說去，我兒子沒能在海關取得固定的工作，還是錯在我。我更有耐心一些就好了。

離開雅德禮太太以後，我回家住。

家裡究竟發生了什麼事，我一無所知。我以為女兒讓男人進房是很蠢的，這給人家有個講閒話的機會，但我並不知道事情怎麼樣了。我對女兒說，妳人真蠢，不會用腦子。她幹麼光聽人家的好話，而不去拿人家的行為來對照看看呢？如果對的道理全在另外一邊，好話說盡又有什麼用呢？那個男的已有兩個十五、十六歲的兒子，家裡還有妻子小孩。即使女兒沒有享受到她的青春，她為什麼不用用她的腦子？她只有女兒。她可以再嫁。光聽他的話對她有什麼好處？

我回到家住，她不肯做飯給我吃，不肯跟我說話。我不明白到底怎麼回事。

有一天我出去，她乘機搬走。我回到家，她帶著小孫女走了。大孫女住在學校。我大怒。我去他們家。拿起碗盤往地上摔，碎片處處。我對她說，我們家沒有一個女人像她這麼丟臉的。我說我跟她拚了，「我跟妳拚了，直到我們兩個當中有一個死掉。」我正要動手打她，但鄰居把我們拉開。他們派人去找我朋友藍太太來把我帶走。我生氣時，滿地打滾，嘴巴猛罵。我說我要上庭控告女兒。但藍太太使我冷靜下來。她說我女兒已經是嫁出去的人，不再受母親所管，她做什麼，世人也不會當成是我的責任。雖然她丈夫跑了，婆家在滿洲，雖然這幾年全是我在養她、照料她，但通判不會聽我的。名聲受損的不是寧家，而是李家。李家沒人在此可以去告她。於是我再也不想去通判那邊控告她。

有一天，藍太太告訴我事情解決了，他照納妾的風俗解決這件事。藍太太的大女婿做人家的廚子，那個人的母親也在同一個家庭當阿媽，所以她知道。他對她說，他跟我女兒已經變成夫妻，我女兒說跟定了他，做妻做妾都可以，她不在乎；有錢沒錢也無所謂，反正她自己會賺錢。而且他還對他母親講，她會帶兩個女兒來——我辛辛苦苦撫養的兩個孫女兒。他本來已有一個妻子和兩個小孩。

有兩年之久，我沒跟女兒見面。

滿子離開我以後的第一個夏天，我沒有工作。美國傳教士要我給兩個沒有家庭的學生寄宿，她們是我小孫女的同學兼好友。她們老是要去孫女家玩，美國老師把她們交託給我，我能讓她們去我女兒家，看她所過的生活嗎？我告訴她們不准去，她們大哭，兩個人都還是孩子呢，一個十二歲，一個十三歲。我女兒很會烹飪，她的男人錢賺不少，她做東西給她們吃。她高興起來，也是很討人喜歡的。她們哭著要去她家。所以我只好帶她們去見老師，說我負不起責任，於是她把這兩個學生送到黃縣去上學。

離開雅德禮太太以後，我沒地方工作。我的朋友藍太太開始替我找。她教傳教士瑞德太太中文，她向瑞德太太提起我，瑞德太太便向雅德禮太太打聽，她說我是一個好阿媽，但我的脾氣不好。

每次丟掉工作，都是因為脾氣不好。每個工作都做不久，也總是因為脾氣不好。他們老是說他們喜歡我，但我的嘴皮子沒管好。我出生時父母年紀已大，我是他們的么女兒，被他們寵壞了。人家衝著我說話，我是不吃這一套的。

我在蓬萊官宦人家做時，他們彼此認得，就好像我替外國人做時，他們彼此也認得一樣。「老寧現在替你做啦？她怎麼樣？」

「她工作努力，但嘴皮子太快。」答話總是這個樣子。但他們還是喜歡我。只要他們喜歡我，說我工作賣力，是個好人，那我便很高興，很滿意。只要我和家人夠吃，我不計較金錢。我總是勸我小孩要有耐心，但我自己卻一向沒有耐心，而且絕不給人家佔便宜。

雅德禮太太說我是一個好阿媽，於是瑞德太太把我推荐給梅遜女士，現在由她來管理傳教大樓。

梅遜女士個性古怪。我第一次見她，事事不順利。「喔，阿媽，妳是一個好阿媽。」她握著我的手，拍拍我。但一有差錯，她變得比誰都快。

她也把我們當成賣身傭人。她會向她的神祈禱原諒她的罪，而且她說自己是上帝的賣身傭人。上帝原諒他的傭人，所以她也希望她可以原諒她的賣身傭人。

在她午睡時叫醒她，然後捧熱水給她漱洗，以便她可以從容下樓喝茶，這是我的責任之一。她是英國人，下午茶對她非常重要。

我在大廳尾的縫紉室工作，但我沒有時鐘可看。所以我便進她房間去看是不是該叫醒她了。

「阿媽，阿媽，妳幹麼現在叫醒我呢？真是糟透了。」第二天我就不進去，但卻遲了十分鐘。

她到我房間來，非常生氣。「阿媽，阿媽，妳怎麼不叫醒我？我非遲到不可，下邊還有客人呢？妳真是一個麻煩的阿媽。」

但我最大的麻煩還是有關眼鏡的麻煩。

我要請假去市區修理我的眼鏡，她說沒這個必要。廚子下次進城可以帶去，我先戴她的眼鏡，她從口袋裡拿出來交給我。這是一副遠近視兩用眼鏡，戴起來真舒服。

第二天我人覺得不舒服，頭很痛，於是我到鄰居那兒請人替我揉太陽穴止痛。我躺到床上，口袋裡放著眼鏡，又恐怕壓到它把眼鏡打破，因此便取出來放。揉太陽穴花了很長一段時間，談了許多事情。我竟把眼鏡給忘了。

我離開以後，這家人有個大約九歲大的小兒子看到那副眼鏡，對他母親說，「娘，讓我把這個還給阿姨。」這家人的小孩叫我阿姨。

他沿街跑過來追我，一邊叫我，一邊手上拿著那副眼鏡，這時碰到一個人擋住他路，對他說，「讓我瞧瞧，這是什麼東西？」他拿到手上，放進口袋，人就跑了。他腿長，一下子就不見了。我聽到孩子的哭聲，轉身一看。

「他拿走眼鏡，他拿走眼鏡！」那時我人嚇住了。該怎麼辦？那個人早走了，抓不到他。那是星期天下午。我知道梅遜女士去了教堂。我到她房間，等她回來。她看到我便說，「喔，阿媽，今天是星期天，妳在這兒幹什麼？」她滿臉笑容，神情愉快。

但當我把經過告訴她，她的臉色一變。「這是一副很貴的眼鏡。妳真是一個麻煩的阿媽，以後不必再來做工了。」

於是我只好回家，實在淒慘。她不相信眼鏡是被搶走的。她以為我拿去賣掉或私自偷藏起來。我悶得透不過氣來。我說要賠她，但那來的錢呢？

我去找友人藍太太，把整個事情講給她聽。她講給瑞德太太聽。瑞德太太又跑去跟梅遜女士講。

有一天，鄰居的小孩看見一批人抬著新娘禮物，其中一個被他認出就是搶他眼鏡的青年。他大聲喊叫，警察便抓住那個青年，青年也認罪。我高興極了，立刻跑去告訴梅遜女士，在路上遇見瑞德太太，她告訴我她跟梅遜女士已講妥讓我回去工作。

我回去工作，對梅遜女士說，「現在沒事了。那個男的被逮到了。」

她說，「眼鏡找到沒？」我說沒找到，但那個男的抓到了。

「喔，」她說，「那個可憐男子就關在那間非常髒的監牢嗎？立刻放他出來。」她派廚子去告訴他們立刻放了他。

這個男子出身良好，是威海衛某一個大官的兒子，為了他父親的面子，這件事給壓了下去。他們後來變得很窮，沒有錢賠那副眼鏡。眼鏡也就因此而丟掉了。那個男子說他放在牆縫中，天知道！

我還是替梅遜女士工作。她高興的時候，一切順利。她不高興時，又會提起眼鏡這件事。

我跟女兒兩不相干。她又生了一個女兒。她的命也真不好。這個小女兒四歲時，患猩紅熱死掉，死掉倒好。她是那一家的人呢？以後的日子該怎麼辦呢？真的，死了倒好。

後來，張法來見我，他就是在海邊有一片菜園的蓬萊老鄰居。他說，「好歹她總是妳女兒！」於是我去看她，她也來看我，一年總有兩三次。但再也不像從前那樣親密。

我那老舅舅來看我，我留他住了一年，因為我很喜歡他，我們彼此氣味相投。在我窮困潦倒的時候，他幫我忙；現在他潦倒了，我可以把自己所有的一點點拿來與他共享。他已經八十歲，跟我住了一年。

我舅媽已去世，那位跛脚女婿也死了。他們僅有的一點東西都沒了。所以舅舅的女兒只好到城外的村子去投奔她大女兒。後來她改嫁，把小的子女留在大女兒那邊。當她騎上驢背就要動身時，子女們抱著她痛哭。我舅舅說給我聽，我內心震動不已。她怎麼受得了？

十八、兒子成家立業 1921-1925

我兒子該結婚了。淑德被傳教士送到北京上學。另一個孫女在黃縣，也是上教會學校。

我跟女兒很少見面。

透過我朋友張法的關係，他就是在海濱有菜園的那一位，我安排兒子娶美雲，她跟我孫女兒上同一間學校。我兒子替他朋友做事，這是他在海關時認識的，後來自行創業，看來蠻有前途的。美雲的哥哥本來很發達，但後來失敗了。有的人一有錢就變壞，有的人則守得住。有的人錢太多，反而是毒藥。他原本在紗廠擔任重要職位，後來自己做生意，便學會抽鴉片，於是垮掉。欠人家八萬錢，所以只好逃走。

美雲的母親已去世，父親續絃。繼母對前人的子女很刻薄。他們不讓美雲繼續上學，把她送去紗廠做工。我們訂妥結婚的日子，把她帶回家。

我有很長一段時間沒看到我女兒。我朋友慫恿說應該讓她知道這件婚事。他們說，「她是妳女兒。妳就這兩個子女。」所以我讓朋友告訴她這件事，她回來參加婚禮，彼此客客氣氣的。

但我的脾氣太壞，老是改不了。婚禮請了一批黃包車夫載親家那邊的人來，每個人我付八百錢，路程一點都不遠，只從山上那邊過來而已。但這些黃包車夫很不滿意，於是我問他們要多少錢，他們說兩千錢。我說這可高得離譜，事先有沒有講好呢？他們說事先講好的。我問向誰講的呢？他們說是向另外一家講的。於是我告訴他們，那就去另外一家拿錢吧。但我的朋友們來參加婚禮的還不算少，卻說話了，求我千萬不要動氣。他們全都知道我的脾氣，他們求我不要得罪另外一家，不要跟對方吵。他們說，「妳媳婦一生就這麼一次，不要為了幾百錢而把事情弄擰了。」

所以我便多付一些錢。但到了第三天她回娘家，我就只讓媳婦單獨回去，不准我兒子陪他去。當時他才十八、九歲，太年輕，不宜捲入這場糾紛。後來我也不准她回門，直到新年期間才照常例回去。

張法說，「小孩子來了以後，你怎麼打算？」第一個小孩出世，男方應該通知女方家人。

「我請人家寫封信去。」我回答道。

小孩出生後，我那封信都快寫好了，我女兒卻說，「沒什麼大不了，幾步路而已，我去。」於是女兒去媳婦家報信，那個老頭子，美雲的父親，支吾以對。

「好。」他說。這件事就這樣了結。但他們家什麼東西都沒送。有錢人家，母親送給女兒的東西多到要用兩個人抬的大紅箱子來裝，在街上不時會看到這個光景，所送的全是年輕媽媽和新生嬰兒會用到的東西。窮人家則送一籃東西過來，像小孩的衣服、尿布、孩子的媽媽會用到的雞蛋、糯米、紅糖。但他們家一件東西都沒送。不但沒送東西，甚至也沒有人來看美雲。這點最傷她的心，使她對自己娘家起了不同的觀感。

他們那個為了逃債而溜走的兒子回來了。他已一文不名，而且需要人家救濟。我送了他五、六塊錢，幫他找到一份差事。後來他跟父親大吵一架。我不知道為了什麼而吵，反正吵得極兇。繼母想打他，他父親不准。她氣得不得了，還因此得病死掉。她一病病上三年，搞得全家筋疲力盡，他們家人彼此間越鬥越兇，不過到了後來幾年也靜了下來。

有一天，美雲父親的堂兄何雲福的太太對我說，「美雲的繼母不久於人世。她的頸子瘦得像我手腕一樣。讓美雲回去看她老母親。現在還爭個什麼呢？」

美雲生產時她家沒人來看她，當然傷心，但畢竟這個老婦人從美雲五、六歲起就照顧她。

我說,「事不關己,我不插手。如果她想回家,我不會擋她。如果她不想回家,我不會強使她去。」

但何雲福的太太不滿意我的講法。她說,「問題不在這兒。妳如果叫她去,她就會去。」我答道,「過了這麼長一段時間,我怎麼知道他們會善待她呢?也有可能惹出更多麻煩。下次,妳不妨對老人家們說說看,比如順口講講,『我家妹子病得這樣重,得讓她女兒知道吧。』」何太太說她會試試看。

當她開口一說,美雲的父親呸的一聲,「這些兎崽子,這些兎崽子兒女,跟我何關?」因此,美雲繼母去世,我們家沒有一個人過去。

這個老頭子頑固得很。他老婆要死之前,他大聲說,「別告訴任何人。不要派人通知女兒,也別通知女婿。」由於他兒子逃走,媳婦只得回鄉下跟她家的人一起住。他也不通知那守寡的舅媽。人家問他遺下的四名子女怎麼辦,他說會交給這些小孩的姨媽照顧。他們買了一具棺材把她埋了。「她妹妹來到墳前哭一場,然後騎驢走了,一字不提照顧小孩的事。

他把小孩送到姪女那邊,但姪女已經結婚,有自己的子女,誰有時間去照顧四個小孩呢?他們的大小便誰來處理呢?所以她就把女的跟人家訂親,先住在未婚夫家,聽說日子不好過,雖然她年事輕,但對方家要她替全家人做鞋,笨重的工作全歸她。後來我聽說彼此解除了婚約,另外給她安排一個婆家,男孩子則送進救濟院,聽說是張法安排的。

年長的人一定要替年輕的人著想。年紀大的人不為年輕人犧牲的話,一家人是無法團聚一道的。美雲父親一家人四處飄零,分住六個不同的地方。我們家可全住一道,只除了住校的淑德，但她放假還是回家來的。

我兒子結婚那年的夏天，淑德回來看我們。現在我兒子成家了，我就想替淑德成個家，使她一生有個歸宿。我去找她中學老師李慶山談，他是我老朋友藍太太的女婿。我把我的意思跟他說，問他有沒有適當的人選。他說讓他考慮考慮。第二天他來找我，說劉裁縫有個兒子，我們都認得，可能很相配。對方也願意。我孫女受過良好教育，英文很好，但中國學問則男方比較更勝一籌，匹配起來可稱相當。

我心裡很高興，便把這件事告訴淑德。但她的臉一沉，說，「我不要，我不要，我不要。」所以我就對李先生說這件事不必再提。劉家不太高興。事情講到這個地步，又回絕人家，是有點看輕對方。但我說我不能勉強孫女，現代的年輕人不能強迫。從那次到今天，我再也不做任何要她結婚的安排。我女兒也幫腔說道，「妳毀了我一生，難道還要毀她一生嗎？」

但女人家不結婚總是不好。她年紀大時，應該有自己的親人圍在身邊。

那年冬天，我聽說我女兒和那個男的有意接他的老叔叔來住。我知道他們只租了兩間房，女兒和那個男的以及他們的小孩住外間，我孫女住裏間。我問女兒老人家住那間房，她說住裏間。我非常生氣。我說她難道這樣沒有知識，讓她女兒跟一個男人睡一張床，成何體統，雖然他是七十歲的人，畢竟還是個男人，而她已是十五歲的大女生了。於是她讓我把孫女帶回家。

但這樣也不很方便。我只有一間房，我媳婦和小孩睡屋裡那張床。兒子則在他工作的地方睡。每個月初一、十五他回家，我就到張法家去。像我這樣的老太婆，隨便加一個草舖就可以了。但要他們也找一間房給十五歲的大閨女，實在不容易，不過他們人很和善。

後來那個老人家並沒有去我女兒那邊住，而我女兒竟說我搶走她女兒。

我的小孫女在教會學校讀書。淑德放假從北京回來看我們。她看到家裡的種種，使她極不高興，因為家人總是吵來吵去。她回北京以後，傳教士就把她妹妹送到蓬萊附近的黃縣，那邊也有一間學校。但即使遠在那兒，她母親的醜事還是不免被人提及。

學校裡別的女生問她，「妳媽不是個寡婦嗎？」

「是的。」孫女會說。

「但妳不是有個小妹妹嗎？」

我罵孫女兒笨，我告訴她應該採取主動，難道她不能對她同學說，「我父親死了，所以我母親跟著另一個丈夫。」跟第二個丈夫沒什麼可丟臉的。但我的小孫女還只是個孩子，她不會想到這些，因此而悶悶不樂，竟而至於生病。他們把她送回烟台的學校，她回來兩三天後，我才聽到這件事。我一聽立刻趕去學校見她，從她臉上看得出人就要死了。我用棉被包起來送到她母親家，她要死應該死在母親家。她繼續病了八、九天之久，我沒再見到她及她母親。我跟她母親在她墳前碰面，互相交談。我孫女葬在山丘上的水果園，當時滿園花開。

毀了她女兒一生的，乃是我女兒自己。外國醫生說她是霍亂死的，但我知道她是因為母親所帶給她的羞辱和憤怒而死的。

帶我兒子去做生意的那個人失敗了，我兒子有一年之久沒有工作。我寫信給青島、北京的朋友。藍太太有個兒子替紗廠工作，經常出外旅行，他替我兒子找了一個在印度的工作，我不肯讓他去。印度人是黑人，天氣太熱。我兒子身體一向不太壯。我說不去。我寫信請朋友們幫忙，終於有個人替他在北京找到一個差事，是在牙醫那兒當三年技術學徒。這個牙醫也是個山東人，他太太是蓬萊人。三年以後，我兒子就可以正式出師。學徒的生活費、買鞋錢等由主人供應。淑德已經畢業，在北京一所學院任教，她寄錢給我、媳婦和子女當生活費。我兒子非常思念故鄉。他寫信給我，請求准他回來。我寫信告訴他一定要做下去。我說，「一個女的臨到結婚那天，她能說不去婆家嗎？你現在不是一個已有家室的人嗎？」他做了下去。

後來，我有些朋友提到要在烟台開一間牙醫診所。他們問我讓不讓我兒子入夥，我寫信跟他講這件事，他一接到信立刻動身，等都不等。事實上第二個星期他主人的嫂嫂就要到烟台來。他搭北京第一班火車回家。

他人真瘦。他吃無定時，也沒有固定在一個地方吃飯，不知道怎麼花錢。他一向被我管慣了。我說他不該回北京。但他主人的父親去世，主人得回山東葬他父親，一定會經過烟台。他主人跑來見我，說我兒子應該跟他家一道吃，學徒出師後，每個月會有三十塊銀元。所以我就讓我兒子回他那兒。但後來他只給我兒子每個月十五塊銀元。要不是淑德幫忙，我們實在活不下去。

這就是人的命。有人跟我講，我丈夫賣女兒時，我不該離開他，應該跟著他，這樣我會有更多兒子，兒子的年紀會大得多，如此一來，我現在的日子會好多了。此外，有人乞討為生養家活口，最後也發了財。

有一個婦道人家養四個兒子，她靠討飯把小孩養大，後來全都當了官。烟台有一個老太婆，從前在街頭乞討，在海邊替船員縫補衣服。後來他兒子在海邊賣東西，賣吃的給上岸的船員，不久開了一間當鋪。他後來有錢得很，只要一看到新東西，他就買給他母親，母親責備他，「不要花太多錢。」他一定答說，「沒多少錢。」

事實上，對他而言，真是沒多少錢。

他母親生病，他跪在中庭發誓，只要她母親活著，他每年上泰山朝拜一次，徒步去泰山燒香。後來她病好，他每年真的背著一袋香走路去泰山。

有一年，他步行途中遇到一個老太婆，她對他說，「你為什麼走這麼遠呢？泰山上的女神是無處不在的。有時她在這，有時在那。你的香在什麼地方著火，她便在那兒。」

有一天他去火神廟，他的香著火燒了起來。他召集大家開會而且組成一個會。他立了一個碑，替泰山女神蓋了一間廟，烟台地方的人每年二月去拜。

夏天到了，烟台外來訪客很多。我的朋友們知道我想找個工作，所以他們把我推薦給俄國領事的太太。她有個天津來的客人跟她一道住。我要求每個月三十塊銀元，她說這太高了。對於住在烟台的人，我願意每個月只領十五、六塊銀元。但對於來烟台避暑的人，你只能做一個夏天，到了秋天可能失掉工作，則必須更多錢。於是我說每個月二十五塊銀元我還願意，但不能少於這個數目。他們便雇用了我。小孩馬上交給我帶，這個孩子不肯讓別的阿媽動他，別人一近身他便尖叫，但他卻喜歡我。

替俄國人做很容易。他們吃的比別的外國人好些。雅德禮太太是英國人，她老是吃一樣的東西，一整隻烤雞，或一片烤牛肉，加上一點水煮過的青菜。早上還沒有起身，先在床上吃早茶。早餐總是一樣，幾片麵包、一點牛油、果醬、麥片粥、一杯牛奶。半早上和半下午則各吃一點蛋糕和茶。他們好像不吃蛋糕不行。俄國人吃的東西可多了。外國人吃的，我們吃的，他們全吃。俄國人的女士可以進廚房自行燒飯，而且手藝不差。我替她做的俄國女士，她婆婆便常常下廚做菜。她會做一些很像我們餃子之類的麵食。東西做好以後，她會在旁邊放幾粒餃子或一點麵條給我，說，「拿去嚐嚐。」

領事夫人回天津，她想把我帶走，我說我走不了。她說會給我不錯的工資，工作並不太重，為什麼我不跟她走。我告訴她，她說的全是實話，我很想跟她去，尤其我兒子在北京更是想去天津，但我不能去。她很生氣地走了。我的媳婦在九月或十月就要生產，我不能離開她，也不便在這種情況下帶著她去一個陌生的地方。何況我有一場官司，我借一百五十塊銀元給一個男的，他不肯還錢，所以只好告他，這個案子八月間要審。

但為了這兩個月的工作，害得我自兒子離開以後一直沒有固定的工作。那幾年日子過得真苦。有人來叫，我就去幫人家縫補和洗衣服，每個月賺五、六塊銀元。這幾年無所事事，加上我兒子三年沒有工作，我所有的積蓄大約三百塊銀元就這樣用光了。

我兒子元月去北京，官司從那時候開始，拖到九月才了斷。

那年從頭到尾都不順。我借錢給一個洗衣匠姓高，他臉上長痲子，在北河那邊開一間洗衣店，他有兩個兒子跟我兒子上過同樣的衛林學校。姓高的向我借錢，每個月兩分利，三年為期每個月借三塊。後來他不太還錢，我每個月拿錢出來，不無損失。他聲稱他把錢借給別人，他們不還錢。

人人都知道我兒子是個悶聲不響的人。我叫他去向姓高的要錢，告訴他如果不還只好告進官府。

姓高的對我兒子說，「我不怕，去告吧！」

我兒子到北京去，我自己去看姓高的。他不太高興，他說，「妳兒子呢？」

「這跟你不相干。我們間的事是你跟我。事情由我起頭，也該由我來了結。」

最後他說，「上法庭吧。我無法還錢。」

我問道，「誰告誰呀？我們還曾經朋友一場。」所以我就上庭控告他借錢不還。不久他又反悔，想託人庭外和解。但太遲了。我已經付錢寫了狀子，也繳了費把狀子遞進去。三家人都上了法庭，我家、洗衣匠和居間介紹的中人三家人。

我們天天上法庭坐，等著輪到我們的案子。在這段期間，我們看到形形色色的案子，通姦、吸鴉片、搶劫、殺人，一個打傷弟弟的姊姊，還有一個走私鴉片的人竟然是一位老太婆。法官問，「妳為什麼賣鴉片？難道不知道這是違法的嗎？」

「是的。」

「那麼什麼還賣呢？」

「我沒別的東西營生。即使想找個老伴，也沒人會要我來撒泡尿。」

「咳，妳這個混蛋。滾吧！」通判這麼說。

我總共上庭十次，花了一整年時間，事情才解決，幸好拿到了錢。

媳婦在九月生了一個兒子。

十九、北平 1928-1934

第二個孩子三歲，我兒子完成牙醫學徒生涯以後，他回來把我們接去北平。(民國十六年北伐以後，北京改名北平。)我並不想去，不想離開朋友和自己熟悉的生活，但我兒子在北平，他是我僅有的一切。我女兒和那個男的去了上海。他在海員宿舍掌廚，收入不差，他跟對方訂合同。我的孫女淑德在北平一間學院教書，收入很好。我兒子的主人把他的工資提高為二十塊銀元，於是我們在北平定居，過了幾年平安的日子。

但我心裡總是惦記上海的女兒。她應該跟自己家人在一起，而不是跟那個男的。我告訴淑德，慫恿她去上海見她母親，看看日子過得怎樣。我向淑德說，「如果妳媽媽願意回來，我們會非常高興。」

而且我也聽說那個男的對她已感厭倦，心思放在另外一個家。我女兒已不像從前那樣年輕，這幾年來也長了許多肉。她一向胖，但人家說她現在可真胖。我送淑德上火車，我一路禱求女兒平安回到我身邊。基督徒和外國人有他們的上帝可祈禱，我們有我們的神。我滿心喜悅地在祈求時，那裏曉得日後會惹出那麼多麻煩。

淑德寫信來說，那個男的沒有工作，我女兒生活並不快樂，想回家來。我在一座大院子那邊租了一間屋子，共有三間房，這樣她會有自己的房間。這間屋子很大，不是我和兒子所能負擔，但淑德答應要攤房租，而且也親自來幫我們安頓。

我女兒回來了。自從她回來以後，我們便沒有一刻安寧。總是吵架，或是彼此不說話。她說，我在許多方面毀了她一生。

我的命運實在不好。我的生辰不是吉日，八字不佳。丈夫毀了我的青春，現在輪到女兒來使我的晚年不幸福。女兒年輕時，跟現在真是不同的一個人。最近這幾年，她真是離我越來越遠。

她總是認為她沒能充分享受青春，全是我的錯。說實話，她年輕時的確很辛苦。挨過餓、受過凍，她丈夫又不成人樣。但她罵得最兇的，倒是她父親出外賣東西那段期間，她必須一早起來煮東西。

雖然多加了一間房，但我們家仍然嫌地方不夠大。我女兒老是埋怨這埋怨那。我們剛搬到北平時，我兒子賺的錢不夠用，淑德曾經寫信給她母親，提到我們缺錢用。我女兒寄過兩三次錢來，每次四、五十元。現在她常常拿這個當話題。她又提到她女兒上大學時，她送衣服給女兒，女兒不穿，這個竟也成為抱怨的理由。其實我女兒中意的顏色或布料，孫女並不中意，所以才不穿她母親送的衣服。她送的是上海時新的絲織品，顏色鮮麗，尺寸很大。淑德品味高，不肯穿這類衣服。這類衣服適合家庭主婦穿，但不適合在學校教書的女士。我女兒提到她送錢回家以及青年時代的苦日子，但從來不提我這一生是多麼辛苦，她弟弟小時候過的是什麼苦日子。

我孫女住在學院裡頭，但她常回來看我們。她一向是好女孩。有一次她傷了我的心，但那不是她的錯。她看得出家裡的情形，因此她說，我們分開住會好些。這點我聽不進去。我怕女兒又回到那個男人身邊。如果她要個男人，幹麼不找個沒有老婆的呢？

有一天趁我不在家，她們搬出去。我孫女替她母親找了一間房子，幫她搬出去。她們利用我不在家的時候搬走，事先也不告訴我她們在做些什麼，等我回到家，她人已經走了。只對我媳婦留個口信，就這樣，只對我孫子的媽媽留個口信。

我去看我兒子的老闆娘，她也是蓬萊人，大家是老朋友了，我對她說，「我的子女這樣對待我，是什麼意思呢？」

她說了許多話安慰我。然後她說，「妳女兒告訴我，她不是要丟下妳不管，她每個月會送十塊銀元給妳。」

後來我明白她的意思，內心極為震怒。這麼多年來，我沒有這麼生氣過。我去找淑德。我不願意踏進她那高貴的房子，像我這樣的老傭人不配。我坐在台階上等。他們說她出去散步。或許她去看她母親。我坐在台階上等。不久，她回來了。

「奶奶，妳在這兒幹麼？快進來。」但我不肯。

「我不配進妳高貴的房子去見妳那高貴的朋友。我該說的話，就在這兒說。」但她不斷地求我進去，然後從口袋裡掏出五塊錢，不，是六塊錢，交給我。

連我孫女的心都中了她母親的毒。我的氣頭可大了，轉身就走。淑德在背後叫我，「奶奶，今晚我到您那兒。」

她去看了她母親，她們兩個談到我。我女兒不會寫信，她叫她女兒替她寫了一封信，信上一一數落我的不是。然後寄給我兒子，兒子拆開來讀，他不肯唸給我聽，但我要他非唸不可。然後我硬要兒子替我寫封信給她們。他不肯，我說非寫不可。下班以後，他把女兒那封信帶回家。我孫女說過那天晚上她要來，但人沒來，信上也說她不會來。

我告訴兒子信上該寫些什麼。我談到女兒的童年，為了她，我如何當乞丐、挨餓，提到她的青年時代，我如何為了她而吃盡各種苦頭。

我兒子正在寫信的當兒，淑德來了。如果那天晚上她不來，我這一生都不會原諒她。她來了，人站在院子裡，她不敢進來，因為她聽到我怒氣沖沖的告訴兒子寫些什麼。鄰居圍在她身旁。院子裡住了三家人。她說她這就回家，但鄰居告訴她我不是生氣，而是傷心。於是她入門來，她哭，我也哭。除了哭以外，還能怎樣呢？

有好幾個星期，我不肯拿她一文錢。有好幾個月，我根本不肯見我女兒。

淑德常來看我們。有一天她要走了，放六塊錢到我手上。「不是給您，」她說，「而是給孩子們，給他們買糖果。」這些錢是給我兒子的小孩的。我孫女真好。

不久，我女兒開始回來看我。但每次她回來，總是不太對勁。我們只要一交談，必定吵架。她一出現，我就一句話不說，要說的話全嚥回去。我一看到她來，便拿出棋盤，兩個人玩一盤棋。此外還能做什麼呢？

我老去羨慕別人命好是沒什麼用的。心頭所生的怒氣，絕無一點好處，只會使人生病。我的穿著，雖然比上不足，但為什麼要怕人家取笑呢？我不偷不借，不跟人家通姦，我覺得我跟他們同樣是人，一樣好。我女兒可不然，因為她心裡羨慕別人，所以才變壞。

她也使得美雲很不高興。美雲人最和氣，凡事逆來順受，但我女兒也搞得她很不高興。

我們租的房子，被房東賣掉，因此我們非搬不可。美雲說，「別跟姊姊講。」照理說，她是我女兒，我們搬家應該讓她知道，這樣她才能回家和幫助我們。但我了解媳婦的意思，所以我也同意了。但我女兒知道這回事，而且人也來了。我們正在新居安床，女兒回家幫忙。她把床放在樑下，她說，「睡在樑下，我們可不怕。」

我媳婦一言不發，但她的臉拉得長長的，面色凝重，把床位移動。一整天，她自顧自地做她的事情，臉拉長，面色凝重。我一看這個情形，內心沉重，心頭火起。我一向是脾氣很大的婦人，但這次的怒氣只好忍住不發。我能說什麼呢？憤怒硬往心裡頭塞。女兒、媳婦、小孩子們，全在我身邊。我一句話沒說，但人卻病了十天。壓住怒氣並不好。

我女兒都是星期天來。她弟弟那天才會在家。她來看我們，可以說是她對家裡的本分，但這並沒有使我們高興。不過我也不敢多跟她吵，因為我心裡頭老是怕她會回到那個男人身邊。人家告訴我，他在上海的工作丟掉了，已經回到烟台。當我女兒說她不喜歡北平，想回烟台，恐懼便湧上我心頭。

我不喜歡北平，想回烟台。起先我說，「孫女要出國，所以我不想去。」孫女任教的學院派她去美國一間大學攻讀。我說我要等她從國外進修回來，然後把她母親交給她。我兒子現在可以自立了，所賺的錢足夠養家活口。他已經自立，不再需要我。一旦他賺的錢足以養他自己和妻兒子女，我便不再替他管錢，通通交給他太太。我計劃等淑德從美國回來，我自己回烟台或蓬萊，跟朋友們作伴度過餘生。在那兒我認得許多朋友，大家可以談談過去的事情。的確，我這一生全是為了家庭。不久之後，他們便不需要我了。但這一年，他們仍然需要我，我還得待下去。

我說，靠我多年來所存的錢，我想回山東去住。我要到蓬萊去，看看我年輕時代走過的地方，拜訪一些還活著的朋友。我要去烟台，找間小屋子，在朋友們當中了卻殘生。但首先得等我孫女回來再說。我和孫女都怕我女兒再回到那個男人身邊。

二十、家道初定　1934-1937

我孫女淑德終於從美國回來了，待我們比以前更好。她在學院裡職位高，跟學校的女老師一道住大樓。收入很高，花錢慷慨。每個星期天都來看我們，帶東西給小孩子，替我兒子的小孩繳學費。

淑德每個月給她母親錢，她母親頗為滿意。她常和朋友打麻將，他們叫她李太太。她現在的穿著和生活方式，就像是有閒人家。也許她會覺得，她生命中的秋天，不像春天那樣辛苦。

不久，我病了。我整個身體的一半，半邊臉，一隻手，一隻脚，不能動彈。這一定是身體裡頭積下來的怒氣造成的，以前每星期我女兒來看我，我忍住內心的憤怒而不發洩。一定是這個累積起來的怒氣，因為並沒有別的大動肝火的怒氣。一天早上，我人起不來。

我生病以後，我女兒來看我。她為我花了很多錢，我兒子也是。女兒一直陪著我，給我服醫生下的藥，全是名貴的好藥。她找城裡最好的醫生看我，甚至從城西找了一個名醫，大家都說他是全城最好的針灸醫生，也有別的醫生來過，但這一位是最好的。我的子女們給我服醫生開的藥方，因此我的病漸有起色。有的藥一顆就得三塊銀元，我女兒一點也不吝惜。我的孫女也常看我，還帶了一位外國醫生替我看病。真的，我被照顧得無微不至。所以我才知道，雖有過去種種，我女兒還是愛我的。現在我們彼此相見可以不必吵架，但鬥嘴則難免。我想我們會一直鬥嘴下去。她也不是那麼常來看我。

我病好了，可以拿根手杖走路，臉恢復正常。但力氣則不如從前。

我到烟台去看老朋友，把留在那兒的傢俱賣掉。我住在張法家裡，和所有的老朋友們都見了面。我在烟台非常愉快，但卻發現自己的心不在烟台。老是惦記著孫子，想看他們，擔心他們，無時無刻不想念他們。

現在我回過烟台，滿意了。我要跟子女和孫子輩住。有子女實在是好。一個人老了，身邊有親人圍繞，真是好。

我兒子想買一棟房子。他說有自己的地方好多了，人本來就該當住自己的屋子。我們找到一間房子要賣，水泥地板，石膏天花板，硬梆梆的，我覺得像是監獄。我兒子說這比較乾淨，但對我而言，卻嫌太硬。我已經習慣了紙天花板和舖磚地板。同時房子也不對稱，我簡直無法住裡面。這棟房子朝北三間，朝南六間，屋子的格局不像是四合院該有的格局。那三間房位於大院子旁的小院落，我以為這是就原來的大屋另外加蓋出來的，房子不對稱。這棟房子不合我們的命理，跟八字相剋。而且大門外有一口井，水是苦的。

我現在很快樂而滿意，定居在北平。我仍然能夠替孩子縫製衣服，給朋友做些小禮物。我仍然會做一些特別的食物，端午節的粽子、過年的年糕。孫子們愛吃包子，他們過生日我就做給他們吃。

我兒子的小孩很乖。兩個大的已經上學，帶回家的成績單都很好。第三個不大好，被寵壞了，將來怕會出毛病。他爸爸最疼這個小的。他的長相比較像我娘家那邊。三個孫子我都愛，但如果說我最疼那一個，我要說是老大，他是頭胎，我媳婦最愛他，我想母親們總是這樣。小孩子們全都知道這回事，而且也拿出來講。他們說姑姑喜歡中間那個女的。因此，大人們均各有所愛。

我女兒仍然獨居，但住得離我很近。她一個人住，所以兒子的女兒晚上到她那邊。我女兒還是蠢人一個，但我們現在不吵架，只鬥嘴，或許偶爾也吵吵，但我現在已學到該看開的就看開，從前我可絕對不肯這樣。

我們有一個快樂的家。我兒子和媳婦待我很好，他們彼此感情也很好。小孩子們有時惹點小麻煩，但孩子們本來就是這個樣子。我們的房子小小的。我兒子每個月賺四十五塊銀元，吃穿不愁，冬天有暖氣，但房子小了點。

我身子硬朗，手脚都能動。我還能縫補衣服，但氣力不夠久。我比以前累得快，一天縫不了幾個小時。現在去看戲或到市場聽說書，人都會倦。我有時還去聽一兩個小時，但沒有靠背的長椅使我疲倦。人家對我說，妳人老了，還能苛求什麼?但我不覺得老，做夢時自己還完全是個年輕人。我夢見在蓬萊的日子，跟母親和哥哥在一道。也夢見我跟我女兒的爹打架，或是和舅舅談天。我一向是年輕而精力充沛。

我孫女淑德是個事業成功的女性，但她沒有結婚。我對孫女說她應該結婚。她說替國家做事，不一定非結婚不可。這可新鮮哪！我們大家都知道，家比什麼都重要。每個女人都該有個丈夫和小孩子。沒有家庭和小孩子，又那來的國家呢？

我孫女三十五歲了，還沒結婚。我去見她的老師，她的老朋友，我說，「你能不能幫點忙？在她的同事中間，你認不認得有那一個受過高等教育，跟她談得來的男士？在我孫女還不太老以前，你能不能做個媒人？她該當有個家庭，該有自己的親人在她身邊。」

生命一定會綿延下去的。向後看，我們可以追到幾千年前的老祖宗；向前看，一代一代的傳下去，也有幾千年好走。拿來跟這個長大的陣容比，一個人不過是個小玩意而已。但話說回來，任何一個人都少不得。每個人都是那條大鏈子中的一環，少了一個人則鏈子非斷不可。女人一手抓著上一代，一手抓著下一代。這是所有女人的共同命運。

廿一、日本人又來了　1937-1938

我兒子和孫女淑德談到日本人，說他們的勢力越來越大，每年都想佔領更多中國的土地。日本人去霸佔不是他們的土地，實在沒有道理。凡有良知的人，是不會這麼做的。這是強盜的行徑，正因為這樣，他們不是人。我說，他們不會來中國，不會來取不是他們的東西。但我兒子和孫女說，日本人一定會來，來給我們製造更多事端。淑德說，我們應該事先想好，如果他們來了，我們該怎麼做。她說如果日本人到北平當家作主，她便不肯留在北平。她跟她的許多朋友已決定，如果日本人來了，他們就到別的地方替國家工作。這也是新鮮話，我不懂。但我孫女兒是一個好女孩。她為什麼要離開這麼好的工作，而到別的地方，沒有人認識她、沒有一個親人的地方？

每天晚上，我兒子讀報紙給我聽。我開始明白淑德的說法。報紙每天都談日本人。我兒子說，他們一日一日逼近，一天一天地佔領更多中國土地。日本人這些行動給我的感受，就如同登上船以後的感覺一樣——恐懼和茫茫然的不安。

後來，白銀變成廢物，毫無用處。我兒子說，任何人買白銀都會關進監牢。拿白銀到銀匠那兒，他不敢用。官方下令，打造首飾只能使用三分之一的白銀。老一輩的人說，杞人憂天沒啥用。命運早給決定了，只是我們無從知道罷了。我孫女給我這些銀元時，我一隻一隻的彈來聽，只留最好的。現在銀元失掉用處，而由紙幣代替。這有什麼道理可說呢。白銀永遠比紙更有價值。銀行有起有落。我有一個小小的積寶箱，我在房裡藏著兩百塊銀元，如果我們非趁夜逃走不可，隨時可以帶走。我請一個朋友——我孫女的老師——把我的積蓄三百銀元存入美國銀行。這樣一來，即使日本人來了，取走我家裡的東西，我還會有錢用。

戰爭愈來愈近。我記得兒子讀過報紙上的一則消息，有一個全是黑人的小國，沒有一門大砲，而歐洲某國的飛機卻每天在天空上丟炸彈。日本人挨月逼近，愈來愈傲慢。他們騎大型摩托車。我兒子說，現在城裡頭的各項決定全由他們作主。

每年其實都差不多，只除了小孩子在學校又升了一級。我兒子說，日本人越來越近，一年比一年取走更多中國土地。像我們這般過日子的人家，其實沒有太大的差別。只有在我兒子和孫女的談話中，我才知道差別，而且東西愈來愈貴。

後來，有一天，我跟往常一樣做早飯給兒子。那時是夏天，做早飯時天色已亮。他動身去工作，但我們還沒有把早飯清理乾淨，他人回來了。他說我們的士兵不准他穿過大馬路，所以他無法去工作。他說街上空盪盪的，有如半夜，士兵手持長刺刀在守衛。我們守在大門內，所有的人都進入自己的屋子把門關緊。士兵一打起來，一般人所能做的就是這樣。整座城靜得很，我向來沒聽到這麼靜過。

每天早上，我兒子都去看是否可以穿過大街，第三天士兵讓他過。他們讓我們在日出、日落之間過街，從城外運青菜來賣的人又可以進城了，於是我們才有東西吃。

不久，槍砲聲開始響了，整天整夜的吼。他們說，城南的南兵營那邊打了起來。有關打仗的消息，多得像冬天的雪一樣厚。我們在小巷裡互相交換聽到的消息，大家都害怕。

我們深以自己人為傲。他們提到安定門外有一個男童，他手上的劍沾滿血，他用劍殺了八個日本人，血滴滴落。他把劍舉在頭頂上，高唱三國演義裡的一首歌，然後倒地身亡。他真是一個英勇的男孩。我們的人可以以一當八。但日本人有飛機大砲，我們卻只有刀劍。

逃難的人開始湧進城裡。我們那條街，就有一家來自南門外的村子，入城投靠親戚住了幾天。他們所知不多。一聽到槍聲，便收拾細軟離開。他們並未見到日本人，聽到槍聲就跑。我兒子說城裡逃難的人多得是，他主人就是難民委員會的一員。我孫女說難民湧進醫院。

我們很害怕，但逃到那兒去呢？我們可以逃離北平，但我兒子說山東的情況一樣糟。我們決定還是留下來吧。我們說，「如果老天注定要我們活下去，就活；要死，便死。」沒有人可以躲開命運。日本人砲轟蓬萊時，推泥車的老張，帶著老婆和兩個小孩躲進蓬萊懸崖的山洞，他從洞口走出來，砲彈把他打死，而他自己的家卻毫髮無損。那次總共死掉兩三個人，他是當中的一個。我們且在自己房子待下來吧。

有一位警察到學校跟小孩子說，要他們不要隨便亂講話，放學以後不要在街上玩。除非我們變成像滿洲一樣，否則日本人是不會滿意的。我孫女的老師說，他們取得華北，其次就拿華南，然後設法吃掉美國。他們要併吞天下。

日本人妄想要天底下的一切，那可千萬使不得。但大璽已丟，沒有人知道它的下落。一九〇〇年，慈禧太后在拳亂當時逃往西安，她把皇璽帶走，但並沒有帶回來，也許她在蒙古平原上丟掉了。沒有上天的授意和皇璽，大權那來呢。大將軍沒有九虎大璽，日本人如何能夠征服地球？我在紫禁城見過很多放大璽的盒子，滿屋都是，全是空的。

有一天晚上大雷雨，閃電劈中奇華門塔樓一角，露出祖先埋在塔樓的碑文，報紙登過碑文的內容，我兒子讀給我聽。句子是古老的預言，他們說應驗的日子到了。

能夠讀書識字真是好事。老人家告訴我們發生了什麼事，告訴我們他們從菜市場所知道的東西。年輕人則從報紙上讀消息給我們聽。

預言不容易懂。這項預言是一首詩。它講的是後來會發生什麼事情，有人說它講的就是現在這個時候，它講到外國人到我們的土地上來，也講到他們離開我們的土地。

這首詩有兩節。第一節沒人能解釋，只有天神才知道它的意思。第二節則是這樣說的：

天皇地皇與人皇，
三皇頭頂顯紅光，
八月十五不見月，

九月十五到大洋。

大家都說，這個意思是指到了九月十五，日本人會被趕進海裡。八月十五不見月，是指元朝時代大家在自己家裡殺蒙古人，把他們趕出中國。通知大家在那個時辰殺蒙古人的條子藏入月餅內，所以到了八月十五，敵人無月可見。

日本人來了。我兒子說，中國軍隊從西門和西北門撤退時，日本軍隊則從南門進城。他們佔領衙門和戰壕。日本人成為北平城的主人，就像以前的滿清，以及幾百年前的蒙古人一樣。

有一部古老預言叫推背圖，這是兩位仙人寫的。它說北平最後毀於一場鐵板大風。我怕它的意思是指北平會被日本人轟炸。我朋友和我兒子的朋友卻說，日本人喜歡北平，想保全它，所以不會毀掉北平。但我還是怕。依我看，日本人進城並不就此了事，後頭還多著呢。但預言指的是現在這個時候。開頭這麼說：

潛龍失牙，

男女落髮。

清朝去了，沒有新的朝代：龍牙掉了。頭髮是祖先傳給我們的，連女的頭髮都給剪了。古人說，每個人的一生都是有苦有樂，有好有壞。我們說我們受不了各種災禍，但事到臨頭還不是承受下來。

古人告訴我們，人的一生都會有災難。我早年多災多難，現在只除了女兒外，內心是很平安的。但就我們這個國家而言，我早年時倒是四方平靜，從太平天國亂後到現在，大體是平靜的。我是太平天國亂後出生的，我長大的那一段時間，老老少少都還提起太平天國。對他們還算新鮮，但事實上亂事已過。其他小小的戰役不算什麼。邊界始終是有一些小戰事。但現在，我兒子和孫女說，在我們國土上正有一場大戰，我們全都會遭殃。

也許是一個新朝代要來管我們了。但淑德不贊成這個說法。她說我們一定要戰鬥，不能向日本人屈服。我們怎麼打呢？這些事情我不懂。蒙古人來征服我們，但最後我們把他們趕走。滿清入關征服我們，現在卻變成我們中間的一部分。如今要分誰是漢人、誰是滿人還不太容易呢。

或許天意看中日本人。沒有人知道大璽現在何處。有人說日本人得了大璽，如果日本人得到了，那他們就會獲得天的授意，我們就該聽他們的，視之為新主。

我的孫女說這怎麼可以。她說我們必須抵抗，不要再有任何主人。她說這個國家必須由人民來管，她說一個新中國已經誕生。我不懂這些話。向來都是有個天子，他來當老百姓的父母。如果他是一個壞的父母，天意就從他手上傳給新的皇帝，由上天所挑選的皇帝。

我孫女協助醫院裡的朋友把一些補給品送給山上的游擊隊。她不肯跟我多說。她說我知道了反而更危險。我們每天都會聽到城外的槍聲，也會聽到砲彈落在游擊隊紮營的山區。他們告訴我們，游擊隊原本落脚的古廟已被砲彈炸毀。我孫女說游擊隊已搬到另一座廟或另一個村子，日本人去炸山上的石頭，根本是浪費砲彈。但日本人一定有炸傷人，否則游擊隊還需要什麼醫療補給呢？

我孫女告訴我，現在正在建設新中國，游擊隊會與人民一道努力，贏得這場戰爭。我不懂。我認為不要戰爭、不要破壞，豈不更好。我們的祖先為了滿清入主而改變衣冠，但人並沒有改變。我們中國人永遠是中國人，他們改變不了我們。但如果我們死了，那就死定了。我叫我兒子照常工作。我們中國人一向如此。我們為了家庭而工作，而我們也這樣生存下去。

淑德計劃到自由區去。我告訴她，穿過日本封鎖線是很危險的，我很怕。她說她也怕，但非走不可。

我們能怎麼辦呢？我的孫子，兩男一女，他們還太小，經不起長途跋涉之苦。外省地方有什麼人認得我們？什麼人會給我兒子工作來養家活口呢？我女兒身子太胖太弱，不能走遠路。我們都將留下來，等待勝利，如果命該如此的話。如果沒有這個命，那我們便全家一齊毀滅。如果我們活下來，便活下去，這對中國也是好事。

住我們那條街有兩個日本人到鄉下去，結果連陪他們去的中國人全部一去不返。他們的家人搬走時，我們全躲在大門內。淑德說城外找到他們的屍體，是游擊隊幹的。

每天均有槍聲。我孫女告訴我，除非把日本人趕走，否則我們不得安寧。我告訴她，我們——我兒子和他的妻兒子女——就住這兒，只要兒子還有工作，我們會一直住下去。他的主人很好，而他的工作是人人都用得著的，不管他是中國人還是日本人。我們會設法生存下去，此地的學校比較好。如果沒有工作，那我們一家人死在一道。我不相信一家人可以分居各地。

我不喜歡孫女兒走掉。我替她擔驚受怕。去年新年，她母親蒸饅頭，結果饅頭爆掉，像石榴般散開。新年期間蒸饅頭所發生的事，說明了今年的運道。她的運道被炸開了，她的運道包含著她女兒的運道。

有一天晚上，我夢見街上有一個人想抓我孫子，我女兒的女兒淑德，或我兒子的女兒曉蘭，我連忙跑，這個人抓住我的頭髮。我走向一間屋子前去敲門，我女兒出來應門跟我們一起走。我們三個被帶到通判衙門的法曹大廳。後來我女兒怕惹麻煩想離開我們。但我說三個人全部一道走，去說明我們這邊的情形，把理由講明白。

這是表示有人會死的夢，多年以前我替老祖父做過類似的夢。我們當中有一個死後會去受審，我們三個人會有一個死掉。也許我女兒會死，也許我孫女淑德會死在日本人手裡。我真怕她走。我但願這個夢指的是我，反正我已不久於人世。

後來我又做夢，夢見爐灶下有兩隻貓。生火以後，濃烟趕走一隻貓。我知道這是一個兆頭，我們家虎年出生的兩個人之中，有一個會有麻煩。我做這場夢時，我不以為這會是指淑德。我總是告訴我第二個孫子茂嘉，一定要小心，天氣冷便要多穿衣服。他也是虎年出生的。

我孫女來向我道別。她把她屋子裡的東西帶過來給我們，說這些東西她用不著，要用也是幾年以後的事。她說她把積蓄交給我兒子，留給她母親和我們用。她說如果可能的話，她會送錢回家。她的確有孝心。她說，一個人必須對家裡好，但也一定要替國家做事。

她不肯告訴我們她什麼時候走，往那邊去。她說她會穿上阿媽的衣服，或打扮成一個農家女，這樣才安全。日本人不會擋住農人來盤問，她這麼說。淑德是一個受過高等教育的人，雙手嬌嫩，打扮成農家女，如何能夠不被發現呢？我替她擔心。

我真想送她上路，但她說那不可能。她什麼時候走，怎麼走法，絕不讓任何人知道。她淚流滿面，我和她母親——我的女兒——也是淚流滿面。

我替孫女擔心，但對自己一點都不擔心，我是一個老太婆，有個三長兩短又算什麼呢？我擔心的是我的孫子們。但只要我和兒子還有一口氣在，我們就要為這些孩子們奮鬥。

二十一日本人又來了.

譯後記

自從鴉片戰爭以還，近代中國遭逢了李鴻章所謂「三千年來未有之變局」。滿清封疆大吏的力挽狂瀾，民國黨政要人的艱苦因應，史書上有所記述，當事人的傳記和回憶錄也略見一二。然而，平庸的販夫走卒，尋常的百姓人家，他們在國勢日衰的局面下，仍需養兒育女；在敵人的槍炮聲中，還得糊口維生；他們的辛苦，他們的掙扎，他們的感受，又在那兒呢？

本書是一位不識字的寧老太太口述的回憶錄，始於清朝同治末年，終於民國抗戰前夕。她的一生無非就是淪落為女乞丐，替滿清官宦和外國傳教士幫傭，當流動小販營生。她沒有機會去了解和參與國家大事，甚至不知道去關心國事，當她向原著者口述一生的事跡時，怎會想到竟能刊印成書流傳後世呢？寧老太太不能也不必為自己的歷史地位操心，才能儘量說老實話。正因為這是一部沒有化粧的傳記，書中所言所述，却可能比較真實地映現了近代中國的面貌。比起名人權要的回憶錄，誰更接近歷史的實況呢？

在翻譯的過程中，譯者雖然盡力求其精確，但由於從未去過山東省蓬萊市，當地的一些地名人名只能從譯音去猜想，錯誤恐難避免。最值得一提的，則是旅美著名的中國現代史學家吳相湘教授，曾經過目全稿，提出不少寶貴的意見，並為本書費心寫下敘言，譯者衷心銘感。當然，譯稿的錯誤與缺失，自應由譯者承担。

原書中記述了不少當時中國社會的落伍、無知與無奈，寧老太太身處這樣惡劣的環境，仍能堅毅地奮發向上，對於像她這般在無比艱困中掙扎的前人，我們必須尊重他們曾經活過的生命。

國家圖書館出版品預行編目資料

漢家女

艾達・普樂特(Ida Pruitt)著；廖中和，張鳳珠譯. － 初版. －
臺北市：臺灣學生，民 81
面；公分
譯自：A daughter of Han

ISBN 978-957-15-0454-4(平裝)

1. 寧氏 － 傳記 2. 中國 － 社會生活與風俗

782.885　　81005078

漢家女

著作者　艾達・普樂特(Ida Pruitt)
譯者　廖中和、張鳳珠
出版者　臺灣學生書局有限公司
發行人　楊雲龍
發行所　臺灣學生書局有限公司
地址　臺北市和平東路一段 75 巷 11 號
劃撥帳號　00024668
電話　(02)23928185
傳真　(02)23928105
E-mail　student.book@msa.hinet.net
網址　www.studentbook.com.tw
登記證字號　行政院新聞局局版北市業字第玖捌壹號
定價　新臺幣四〇〇元

一九九三年八月初版
二〇二〇年七月初版二刷

85716

ISBN 978-957-15-0454-4(平裝)